Luiz Roberto da Costa Júnior

Finais de Torre e Peças Menores

Editora Ciência Moderna

Finais de Torre e Peças Menores

Editor: Paulo André P. Marques
Produção Editorial: Dilene Sandes Pessanha
Capa: Daniel Jara
Diagramação: Carlos Arthur Candal
Copidesque: Equipe Ciência Moderna

FICHA CATALOGRÁFICA

COSTA JÚNIOR, Luiz Roberto Guimarães da.

Finais de Torre e Peças Menores

Rio de Janeiro: Editora Ciência Moderna Ltda., 2021.

1. Xadrez
I — Título

ISBN: 978-65-5842-111-5 CDD 794.1

Editora Ciência Moderna Ltda.
R. Alice Figueiredo, 46 – Riachuelo
Rio de Janeiro, RJ – Brasil CEP: 20.950-150
Tel: (21) 2201-6662/ Fax: (21) 2201-6896
E-MAIL: LCM@LCM.COM.BR
WWW.LCM.COM.BR

10/21

Sumário

INTRODUÇÃO

O xadrez divide-se tradicionalmente em abertura, meio-jogo e final. O equilíbrio de forças na abertura e no meio-jogo faz com que a partida se encaminhe para o final. A falta de domínio da técnica de final pode arruinar rapidamente uma partida. Dominar a técnica de finais ajuda a defender posições difíceis, pois há muitos exemplos em que o lado mais fraco consegue encontrar um lance salvador para empatar a partida. Observações feitas, em todo o mundo, indicam uma preferência dos jovens e talentosos jogadores em privilegiar a abertura e o meio-jogo, negligenciando o estudo de finais. Os finais de torre, que são mais frequentes nos finais das partidas, demandam um amplo conhecimento de posições chaves, ao contrário dos finais de peças menores que são um pouco mais intuitivos.

O estudo de finais de torre e peça menor mostra-se importante, pois permite a transição para finais de torre (com a troca das peças menores), finais de peças menores (com a troca de torres) ou finais de torre contra peça menor (quando há o sacrifício de qualidade). O início do final ocorre após o término do meio-jogo. Pode-se estabelecer o seguinte princípio para reconhecer um final: o rei pode ter um papel mais ativo sem ser ameaçado pelas peças adversárias e há, além dos peões, até quatro peças adicionais no tabuleiro. Os finais são divididos em quatro tipos de acordo com a classificação internacional de finais de xadrez: finais de peões, finais de dama, finais de peças menores e finais de torre. No presente livro haverá uma abordagem sobre finais híbridos onde há torre e peça menor e que, portanto, estão no limiar da classificação entre os finais de peças menores e os finais de torre.

Um grande debate no xadrez é quanto vale a vantagem da qualidade (torre por bispo ou torre por cavalo). Em certas posições de meio-jogo, podem não representar vantagem, mas no final a torre leva vantagem contra a peça menor por causa das colunas abertas que acentuam o seu poder de atuar nas duas alas. Por isso, normalmente considera-se que há compensação pelo sacrifício de qualidade quando há dois peões de vantagem. No final de torre contra peça menor (sem peões), normalmente há empate se houver a coordenação defensiva entre o rei e a peça menor contra o rei e a torre. O estudo de posições básicas com alguns peões mostra-se útil por permitir encontrar soluções táticas, como sacrifícios, para empatar em posições inferiores.

2 – Finais de torre e peças menores

O estudo de finais de torre e peça menor contra torre e peça menor mostra a necessidade de se evitar a precipitação de simplificar imediatamente a posição para o final de peças menores (com a troca das torres) ou para o final de torres (com a troca das peças menores). Vantagens posicionais e a coordenação de peças são importantes para atacar os peões adversários, devendo ser muito consideradas principalmente no caso de torre e bispo contra torre e cavalo.

CAPÍTULO 1
Torre contra bispo (sem peões)

R. Dworzynski - G. Szilagyi
Varsóvia 1956

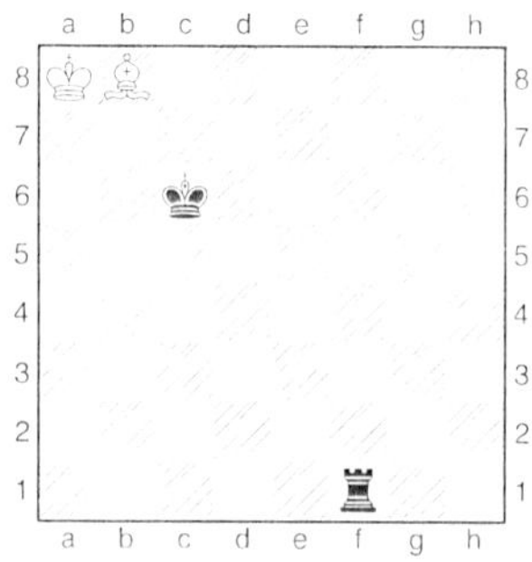

Uma torre sozinha normalmente não consegue ganhar contra o bispo, especialmente se o rei estiver no canto oposto da cor do bispo. Portanto, o final de torre contra bispo está sempre empatado se o rei conseguir chegar ao canto seguro com a proteção do bispo.

1...♔b6 [1...♖a1+ 2.♗a7 ♔c7=]

2.♗a7+ [2.♗e5 ♖f7 3.♗g3 *(3.♗d6? ♖a7+! 4.♔b8 ♖d7–+; 3.♗b8 ♖f8=)* 3...♖a7+ 4.♔b8 ♖g7 5.♗f2+!=]

2...♔a6 3.♗b8

½–½

T. Molien
1897

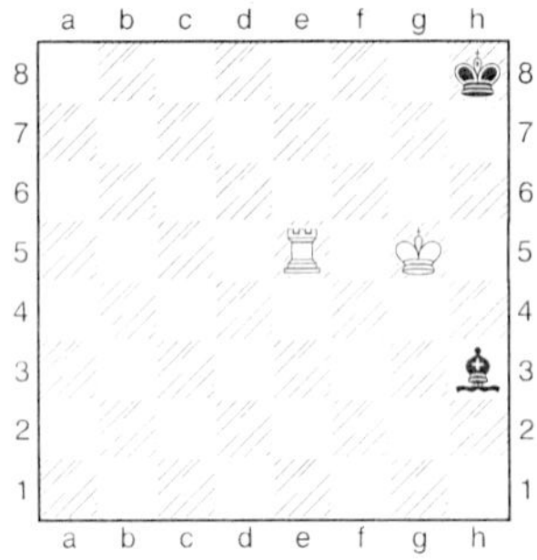

Interessante estudo que mostra que, mesmo com o rei no canto seguro, o mal posicionamento do bispo pode impedir a construção da posição de fortaleza vista no exemplo anterior.

1.♖e8+! [As pretas conseguiriam uma manobra de bispo para empatar o final após 1.♔g6? ♗d7! 2.♖h5+ *(2.♖d5 ♗e6 3.♖d8+ ♗g8=)* 2...♔g8 3.♖d5 ♗e8+!= 4.♔f6 ♗c6=]

1...♔g7 [As brancas conseguem manter o rei preto cortado na primeira fila com xeque de torre para impedir a coordenação defensiva com o bispo.]

2.♖e7+! ♔f8 [2...♔g8 3.♔g6! ♔f8 4.♖e5 ♗d7 *(4...♗g2 5.♔f6! ♗f3 6.♖e3+–)* 5.♔f6! ♗c6 *(5...♗e8 6.♖d5+–)* 6.♖c5 ♗d7 *(6...♗b7 7.♖c7 ♗a6 8.♖a7+–)* 7.♖h5 ♔g8 8.♖g5+! ♔f8 *(8...♔h8 9.♔f7+–)* 9.♖a5 ♗c6 10.♖a6 ♗h1 *(10...♗g2 11.♖a2! ♗e4 12.♖e2 ♗f3 13.♖f2+–)* 11.♖a1! ♗e4 12.♖e1 ♗f3 13.♖f1 ♗g2 14.♖f2+–]

3.♔f6 ♔g8 4.♔g6 ♔f8 [O objetivo das brancas agora é manobrar a torre de maneira a atacar o bispo e criar ameaças de xeque-mate.]

5.♖e5 ♗d7 [5...♗g2 6.♔f6! ♗f3 *(6...♔g8 7.♖g5++–)* 7.♖e3+–]

6.♔f6! ♔g8 7.♖g5+! ♔f8 [7...♔h8 8.♔f7+–]

8.♖a5 ♗c6 9.♖a6 ♗g2 [9...♗h1 10.♖a1! ♗e4 11.♖e1 ♗f3 12.♖f1 ♗g2 13.♖f2+–]

10.♖a2! ♗e4 11.♖e2 ♗f3 12.♖f2+–

Horwitz & Kling

1851

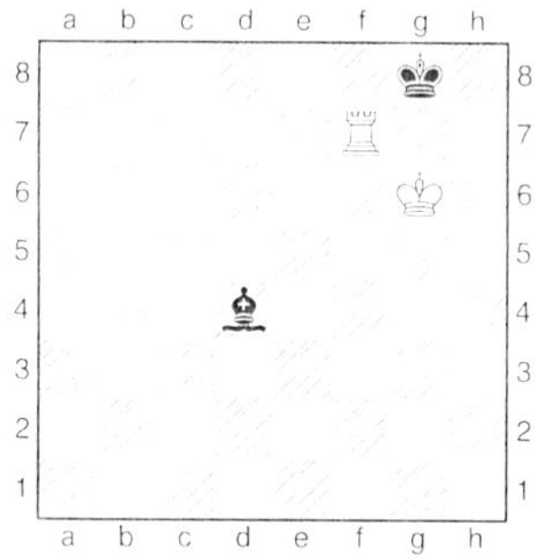

Este estudo demonstra como ganhar contra o rei que está cortado no canto perigoso (quando não é possível o uso do bispo como proteção ao rei).

1...♗g1 2.♖f1 [As pretas encontrariam uma interessante manobra defensiva para empatar o final após 2.♖d7? ♔f8! 3.♔f6 ♗b6! *(3...♔e8? 4.♔e6!+–)* 4.♖d6 ♗c7 5.♖c6 ♗d8+!=]

2...♗h2 3.♖f2 ♗g3 4.♖g2 ♗e5 [4...♗h4 5.♔h5++–; 4...♗d6 5.♖d2 ♗e7 6.♖c2+–]

5.♖e2 ♗d6 6.♖e8+ ♗f8 7.♖d8+–

Horwitz & Kling - Jogam brancas e ganham

1851

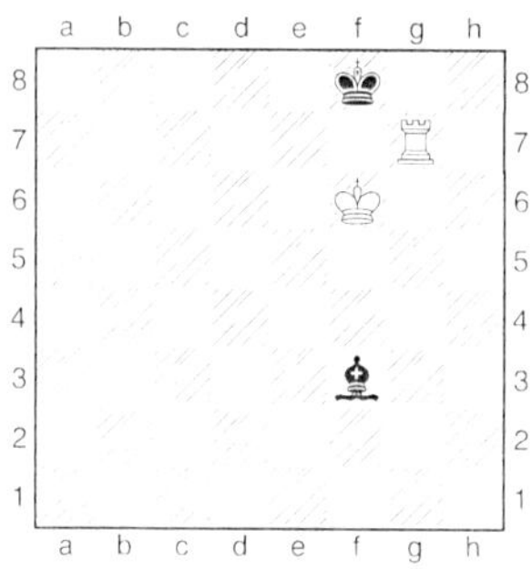

As brancas cortaram o rei preto e, assim, bloquearam o acesso ao canto seguro podendo, portanto, ganhar a posição com uma manobra de torre que ganha tempo ao atacar o bispo.

1.♖g3! [1.♖d7? ♔g8=]

1...♗e4 2.♖e3 ♗g2 [2...♗c6 3.♖c3 ♗d7 4.♖b3+–]

3.♖e2 ♗f3 4.♖f2+– [4.♖c2? ♔g8=]

Horwitz & Kling - Jogam pretas e empatam

1851

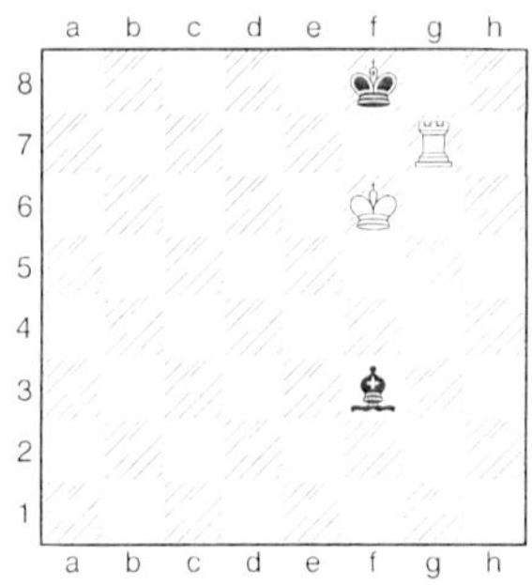

Sendo lance das pretas, estas conseguem escapar da oposição de reis e da ameaça de xeque-mate.

1...♔e8! [1...♗c6? 2.♖c7!+–]

2.♔e6 [2.♖e7+ ♔d8! *(2...♔f8? 3.♖e3 ♗g4 4.♖g3 ♗e2 5.♖g2 ♗f3 6.♖f2+–)* 3.♔e6 ♔c8 4.♔d6 ♔b8=]

2...♔d8! 3.♔d6 ♔c8= [3...♔e8 4.♖e7+ *(4.♔e6 ♔d8=)* 4...♔f8!= *(4...♔d8? 5.♖f7+–)*]

J. Berger - Jogam brancas e ganham
1889

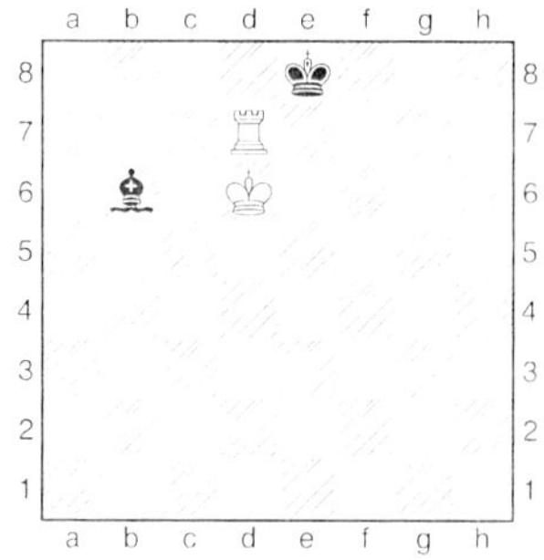

Sendo lance das brancas, estas conseguem a oposição de reis e podem criar ameaças de xeque-mate.

1.♔e6! ♔f8 [1...♗e3 2.♖d3! ♗f4 3.♖f3 ♗d2 4.♖f2 ♗e3 5.♖e2+–]

2.♖f7+! [2.♔f6? ♗a5!= e as pretas controlam a casa do xeque-mate e, ao mesmo tempo, ameaçam xeque pela grande diagonal.]

2...♔g8 [2...♔e8 3.♖b7+–]

3.♔f6! ♗d4+ 4.♔g6+– [com a mesma posição do estudo de Horwitz & Kling de 1851.]

J. Berger - Jogam pretas e empatam
1889

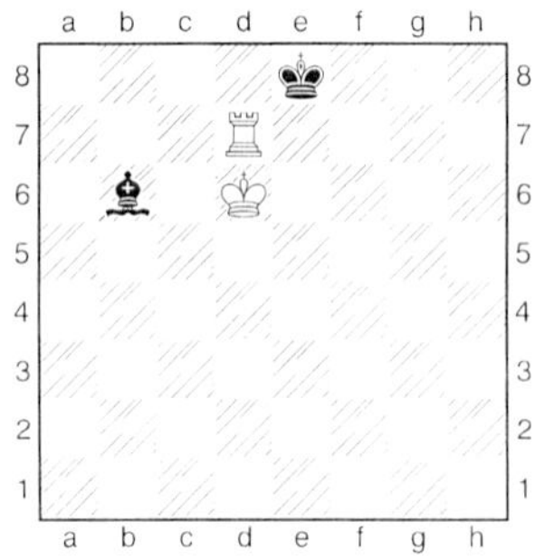

Sendo lance das pretas, estas conseguem empatar ao fugir da oposição dos reis.

1...♔f8! 2.♔e6 ♔g8! 3.♔f6 [3.♖f7 ♗d4= o controle da grande diagonal garante o empate, pois o rei branco não tem acesso à casa g6.]

3...♔f8!= [Curiosamente, as pretas são forçadas a permitir a oposição dos reis, mas controlam a casa do xeque-mate com o bispo. Se agora a torre branca sair da coluna d para ameaçar xeque-mate, o bispo preto tem a opção de xeque tanto em d8 como d4.]

V. Platov
1925

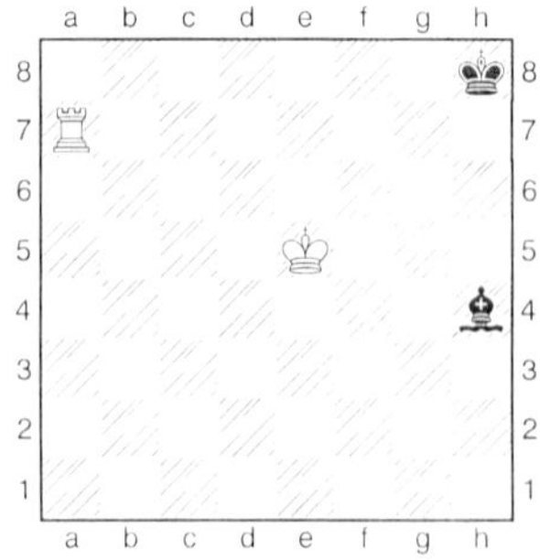

Um interessante estudo de final que mostra uma importante manobra de torre para ganhar tempo ao atacar o bispo adversário.

1.♔f5! ♔g8 [1...♗f2 2.♖a2+–]

2.♖a4!! [2.♔g6? ♔f8!=]

2...♗e1 [2...♗e7 3.♔g6+–; 2...♗f2 3.♔g6+–]

3.♔g6! ♔f8 4.♖f4+! ♔g8 5.♖e4+–

V. Platov
1925

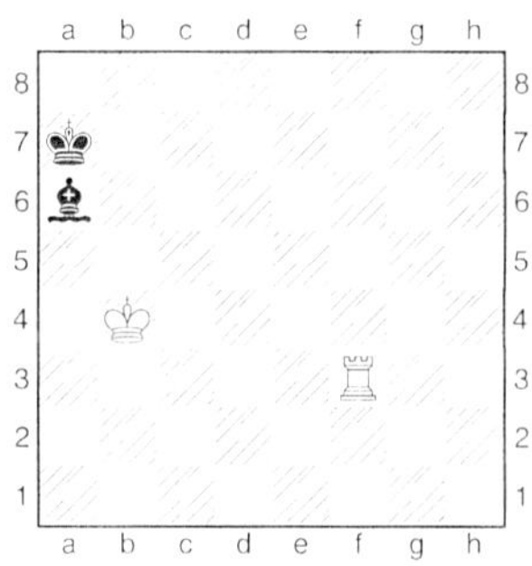

Outro interessante estudo de final que mostra uma interessante manobra de rei e torre contra o rei no canto perigoso.

1.♔a5! ♗e2 [1...♗b7 2.♖f7 ♔b8 3.♔b6+–; 1...♗c4 2.♖c3! ♗d5 3.♖c7+ ♔b8 *(3...♗b7 4.♖e7 ♔b8 5.♔b6+–)* 4.♔b6+–]

2.♖f7+! ♔b8 3.♔b6! ♔c8 4.♔c6! ♔d8 5.♔d6! ♔c8 [5...♔e8 6.♖e7++–]

6.♖c7+ ♔b8 [6...♔d8 7.♖c2 ♗d3 8.♖d2+–]

7.♔c6!+– [se agora as pretas controlarem a grande diagonal com o bispo, as brancas conseguiriam a oposição de reis numa posição similar, em ala oposta, ao estudo de Horwitz & Kling de 1851.]

F. Sackmann

1898

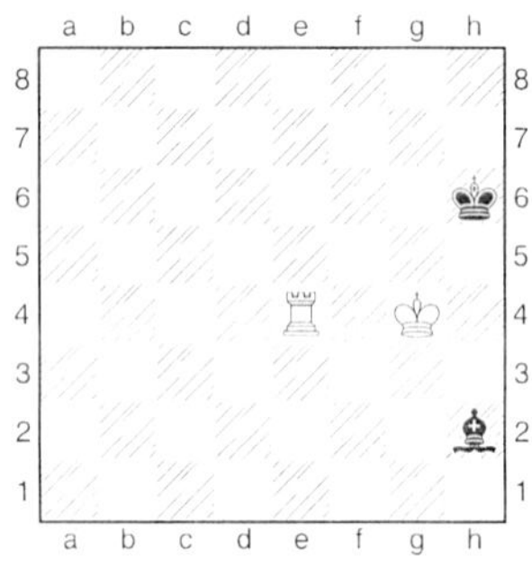

Um estudo de final que mostra a obrigatoriedade de levar o rei para uma posição ativa para restringir o espaço do rei oponente, usar a torre para manter o rei adversário cortado no canto perigoso, assim como a importância de ganhar tempo com manobras de torre contra o bispo.

1.♔f5! ♔g7 [1...♗b8 2.♖e8 ♗g3 *(2...♗a7 3.♖e6+!+–)* 3.♖g8! ♗f2 4.♖g6+! ♔h7 *(4...♔h5 5.♖g2+–)* 5.♔f6!+–]

2.♖d4! ♔f8 [2...♔f7 3.♖d7+! ♔e8 4.♔e6! ♔f8 5.♖f7+ ♔g8 *(5...♔e8 6.♖h7+–)* 6.♔f6!+–; 2...♗b8 3.♖d7+ ♔h6 4.♖d8 ♗c7 *(4...♗a7 5.♖d6+!+–; 4...♗g3 5.♖g8!+– conforme já analisado.)* 5.♖c8 ♗a5 *(5...♗g3 6.♖g8!+–)* 6.♔f6! ♔h7 7.♔f7 ♔h6 8.♖c6+ ♔h7 9.♖c5+–]

3.♔e6! ♗g3 [3...♔g7 4.♖g4+ ♔f8 5.♖h4 ♗g3 6.♖h3 ♗c7 7.♖h7! ♗b6 8.♖f7+! ♔g8 9.♔f6! ♗d4+ 10.♔g6!+–]

4.♖c4! ♗h2 [4...♗e1 5.♔f6! ♔g8 6.♔g6 ♔f8 7.♖f4+ ♔g8 8.♖e4+–]

5.♖h4 ♗g3 6.♖h3 ♗e1 [6...♗c7 7.♖h7! ♗b6 8.♖f7+! ♔g8 9.♔f6! ♗d4+ 10.♔g6!+–]

7.♔f6! ♔g8 8.♔g6 ♔f8 9.♖f3+ ♔g8 10.♖e3+–

V. Platov
1906

Este estudo de final mostra uma manobra de torre para deixar o rei adversário cortado no canto perigoso.

1.♔c3! [1.♔c2? ♔a3! 2.♔c3 ♔a4! 3.♔c4 ♔a5!=]

1...♗f2 [1...♗h2 2.♖a6+ ♔b1 3.♔b3! ♗b8 *(3...♔c1 4.♖a1++–)* 4.♖b6 ♗a7 5.♖b7+–]

2.♖e6! [2.♖a6+? ♔b1 3.♖f6 ♗e1+! 4.♔b3 ♔c1!=]

2...♔b1 [2...♗h4 3.♔c2 ♔a3 4.♖e3++–; 2...♗c5 3.♖a6+ ♔b1 4.♔b3+–]

3.♖e2! ♗h4 4.♖c2!+– [se agora as pretas controlarem a grande diagonal com o bispo, as brancas conseguiriam a oposição de reis numa posição, com o tabuleiro virado, quase idêntica em relação ao estudo de Horwitz & Kling de 1851.]

Posição de Análise

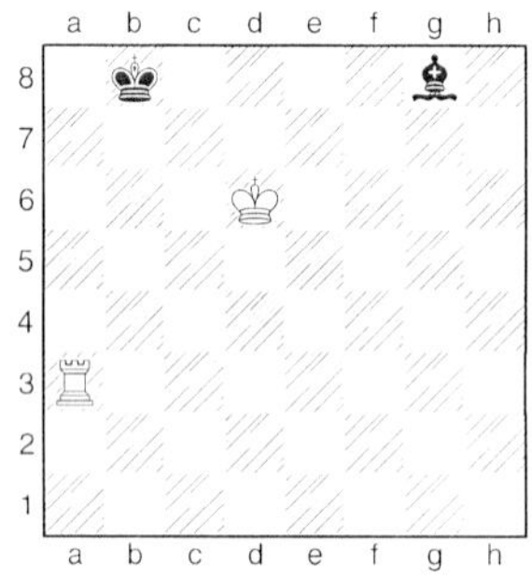

Este é o mais difícil final de torre contra bispo. As brancas precisam manobrar a torre e ganhar tempo para posicionar melhor o rei de maneira a manter o rei preto no canto do tabuleiro.

1.♖f3! [As pretas conseguiram coordenar a defesa após 1.♔c6? ♗f7! 2.♖f3 ♗e8+! 3.♔b6 ♔c8! 4.♖d3 *(4.♖c3+ ♔d8=; 4.♖f8 ♔d8=)* 4...♗g6=]

1...♔b7 [1...♔a7 2.♔c6 ♗c4 3.♖a3+ ♔b8 4.♔b6+–; 1...♗c4 2.♔c6! ♗e2 *(2...♔a7 3.♖a3+ ♔b8 4.♔b6+–)* 3.♖f7! ♗c4 4.♖b7+ ♔c8 5.♖e7 ♔d8 *(5...♔b8 6.♔b6+–)* 6.♔d6! ♗d3 7.♖e3 ♗c4 8.♖e4 ♗d3 9.♖d4 ♗e2 10.♖d2 ♗a6 11.♖a2! ♗b7 12.♖h2+–]

2.♖f4! ♔a6 [Após 2...♗a2 3.♖b4+ ♔c8 4.♖a4 ♗b3 5.♖a3 ♗f7 6.♖a7! ♗b3 as brancas conseguem ganhar o final ao deixar o rei adversário cortado no canto perigoso. 7.♖c7+ ♔b8 *(7...♔d8 8.♖b7+–)* 8.♔c6! ♗d5+ 9.♔b6! ♗b3 10.♖c1 ♗a2 11.♖a1 ♗b3 12.♖a3 ♗e6 13.♖e3 ♗f7 14.♖f3 ♗e8 15.♖f8+–; Se 2...♔b6 as brancas conseguiriam manter o rei preto cortado na coluna a após 3.♖b4+! ♔a5 4.♔c5! ♔a6 5.♖b6+ ♔a7 6.♔c6! ♗d5+ 7.♔c7! ♗f7 8.♖h6 ♗g8 9.♖h8 ♗f7 10.♖f8 ♗c4 11.♖f4 ♗b3 12.♖f3 ♗a4 13.♖a3+–]

3.♔c5! [As pretas conseguiriam coordenar a defesa após 3.♔c6? ♗b3! 4.♖f1 *(4.♖f3 ♗a4+!=)* 4...♗a4+!=]

3...♔b7 [Após 3...♔a7 4.♔c6 ♗b3 5.♖b4! ♗d1 as brancas conseguem ganhar o final ao deixar o rei adversário cortado no canto perigoso. 6.♖b6! ♗c2 *(6...♗f3+ 7.♔c7! ♗e4 8.♖b4 ♗c2 9.♖b2 ♗a4 10.♖a2+–)* 7.♔c7! ♗h7 8.♖h6 ♗g8 9.♖h8 ♗f7 10.♖f8 ♗c4 11.♖f4 ♗b3 12.♖f3 ♗a4 13.♖a3+–]

4.♖g4 ♗a2 [4...♗e6 5.♖g7+! ♔c8 6.♔d6! com a mesma posição após 7.♔d6! da variante principal.]

5.♖g2 ♗e6 6.♖g7+! ♔c8 [Se 6...♔b8 7.♔c6! *(7.♔b6? ♔c8!=)* 7...♗f5 as brancas conseguem ganhar o final após deixar o rei adversário cortado no canto perigoso. 8.♖c7 ♗e4+ 9.♔b6! ♗b1 10.♖c1 ♗a2 11.♖a1 ♗b3 12.♖a3 ♗e6 13.♖e3 ♗f7 14.♖f3 ♗e8 15.♖f8+–]

7.♔d6! [As pretas conseguiriam coordenar a defesa após 7.♔c6? ♗b3! 8.♖a7 ♔d8! 9.♔d6 ♔e8!=]

7...♗h3 [Se 7...♗f5 as brancas conseguem ganhar o final após deixar o rei adversário cortado no canto perigoso. 8.♖c7+ ♔b8 9.♔c6! ♗e4+ 10.♔b6! ♗b1 11.♖c1 ♗a2 12.♖a1 ♗b3 13.♖a3 ♗e6 14.♖e3 ♗f7 15.♖f3 ♗e8 16.♖f8+–]

8.♖c7+! [As brancas conseguem ganhar o final após deixar o rei adversário cortado no canto perigoso.]

8...♔b8 [8...♔d8 9.♖h7+–]

9.♔c6! ♗f5 [9...♗g2+ 10.♔b6! ♗e4 *(10...♗d5 11.♖d7 ♗e6 12.♖d8++–)* 11.♖e7 ♗g6 12.♖g7 ♗e8 13.♖g8+–]

10.♔b6 ♗b1 [10...♗e4 11.♖e7 ♗g6 12.♖g7 ♗e8 13.♖g8+–]

11.♖c1 ♗a2 [11...♗e4 12.♖e1 ♗g6 13.♖e6 ♗f7 14.♖f6 ♗e8 15.♖f8+–]

12.♖a1 ♗b3 [12...♗e6 13.♖c1 ♗f7 *(13...♗d7 14.♖f1 ♗c8 15.♖f8+–)* 14.♖f1 ♗e8 15.♖f8+–]

13.♖a3 ♗e6 [13...♗c4 14.♖f3 ♗e6 *(14...♔c8 15.♖c3+–)* 15.♖f8++–; 13...♗d5 14.♖d3 ♗e6 15.♖d8++–]

14.♖e3 ♗f7 [14...♗d7 15.♖f3 ♗e8 16.♖f8+–]

15.♖f3 ♗e8 16.♖f8+–

CAPÍTULO 2
Torre contra bispo (com peões livres)

E. Del Rio

1750

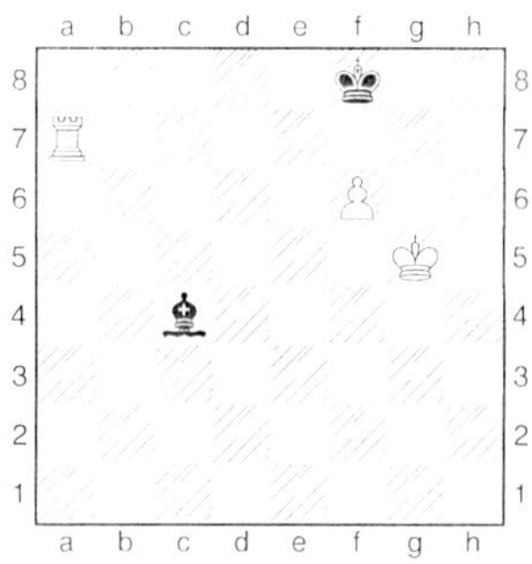

Mesmo com um peão de vantagem, nem sempre a torre consegue ganhar contra o bispo. As exceções mais conhecidas são o peão de torre e o peão de bispo. Neste caso, há um interessante final teórico de empate de torre e peão de bispo na sexta fila contra bispo.

1.♖c7 [1.♔g6 ♗d3+!=]

1...♗a2 [O bispo preto não pode abandonar a diagonal a2–g8, em decorrência da ameaça de avanço do peão branco, por exemplo: 1...♗b5? 2.f7 ♔g7 3.♔f5! ♗a4 4.♖b7! ♗d1 *(4...♗c2+ 5.♔e6! ♗g6 6.f8♕+ ♔xf8 7.♔f6!+–)* 5.♔e6! ♗h5 6.♖c7 ♗g6 7.f8♕+ ♔xf8 8.♔f6!+–; Ao mesmo tempo, o bispo preto deve poder dar xeque na diagonal b1–h7 para evitar que as brancas controlem a casa g6 com o rei, por exemplo: 1...♗b3? 2.♔g6+–]

2.♖b7 [2.♔g6 ♗b1+!=]

2...♗c4=

Paul Benko

1967

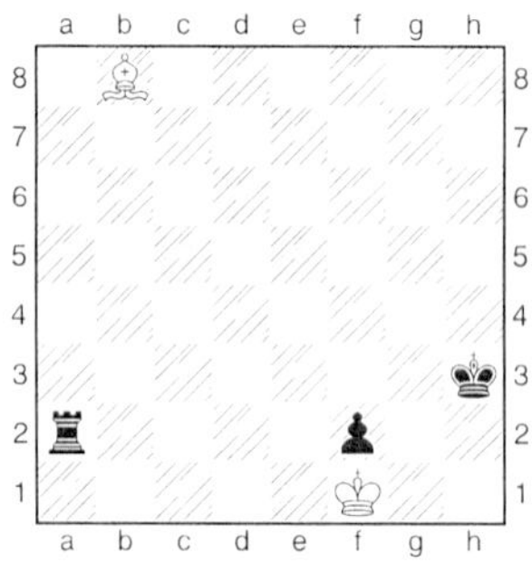

Este estudo de final mostra a complexidade de defender a posição quando o peão já está na sétima fila.

1.♗c7! [As brancas não podem permitir o ataque lateral de torre contra o bispo, por exemplo: 1.♗d6? ♖a6 2.♗e5 *(2.♗c5 ♔g3! 3.♗xf2+ ♔f3!–+)* 2...♖a5! 3.♗d4 *(3.♗f4 ♖f5–+)* 3...♔g3! 4.♗xf2+ ♔f3!–+]

1...♖b2 [1...♖a7 2.♗b6! ♖f7 3.♗xf2=; 1...♖c2 2.♗e5! ♖c5 3.♗d4! ♖f5 4.♗xf2=]

2.♗d6! [Novamente, haveria ataque lateral após 2.♗e5? ♖b5 3.♗c7 *(3.♗d4 ♔g3! 4.♗xf2+ ♔f3!–+)* 3...♖f5 4.♗b8 ♔g4 5.♗a7 ♔f3 6.♗xf2 ♖a5–+]

2...♖c2 [2...♖b6 3.♗c5 ♖f6 4.♗xf2=; 2...♖d2 3.♗f4! ♖d4 4.♗e3!=]

3.♗e5! ♖d2 [3...♖c5 4.♗d4! ♖f5 5.♗xf2=]

4.♗f4! ♖e2 [Outros lances de torre levariam apenas à repetição da posição, por exemplo: 4...♖a2 5.♗c7!=; 4...♖b2 5.♗d6!=; 4...♖c2 5.♗e5!=]

5.♗b8!! [Obviamente a torre não pode ser capturada porque não há como impedir a coroação do peão após 5.♔xe2? ♔g2–+; Uma bonita solução artística para este estudo de final, pois outros lances de bispo perderiam: 5.♗d6? ♖b2! *(5...♖e6? 6.♗g3!!=)* 6.♗e5 ♖b4 7.♗c7 ♖b7–+; 5.♗c7? ♖a2! 6.♗b8 ♖a8! 7.♗d6 ♖a6 8.♗e5 ♖a5 9.♗d6 ♖f5 10.♗b8 ♔g4 11.♗a7 ♔f3 12.♗xf2 ♖a5–+]

5...♖e8 [Após 5...♖a2 a posição seria a mesma do diagrama, devendo as brancas jogar 6.♗c7!=]

6.♗g3!! [Outra preciosidade neste estudo artístico. Outros lances de bispo perderiam, por exemplo: 6.♗d6? ♖d8! 7.♗e7 *(7.♗c7 ♖f8 8.♗e5 ♖f5 9.♗c7 ♔g4 10.♗b6 ♔f3 11.♗xf2 ♖a5–+)* 7...♖d7 8.♗c5 ♔g3! 9.♗xf2+ ♔f3!–+]

6...♔g4 [Haveria empate por afogamento após 6...♔xg3=]

7.♔xf2!= [Δ ♔g2, ♗f2 e as brancas estão no canto seguro com o rei que pode ser protegido pelo bispo.]

Vancura - Jogam brancas e ganham

1924

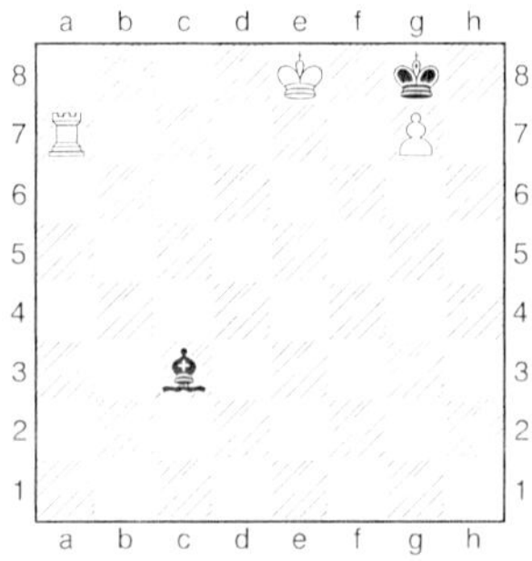

As brancas precisam manobrar a torre para defender o peão com ganho de tempo de maneira a permitir levar o rei para uma posição mais ativa no momento do sacrifício do peão.

1.♖a3! ♗e5 [1...♗xg7 2.♖g3+–; 1...♗d4 2.♖g3+–; 1...♗f6 2.♖g3+–]

2.♖e3! ♗b8 [2...♗xg7 3.♖g3+–; 2...♗h2 3.♖e2+– Δ ♖g2]

3.♖e7 [3.♖e2? ♔xg7=]

3...♗d6 [3...♗h2 4.♔d7 ♗g1 5.♔e6 ♗d4 6.♔f5 ♔h7 *(6...♗xg7 7.♔g6+–)* 7.♖f7 ♗c3 *(7...♗xg7 8.♔g5! ♔g8 9.♔g6+–)* 8.g8♕+ ♔xg8 9.♔g6!+–]

4.♖e6 ♗a3 [4...♗c7 5.♖g6+–; 4...♗f4 5.♖g6+–]

5.♖g6 ♗b4 6.♔d7 ♗a3 7.♔e6 ♗b2 8.♖g4 ♗c3 [8...♗xg7 9.♔e7! ♔h7 10.♔f7!+–]

9.♔f5 ♗xg7 10.♔g6! ♔f8 11.♖f4+! ♔g8 12.♖a4 [e a posição é ganhadora pois o rei está no canto perigoso.]

Vancura - Jogam pretas e empatam

1924

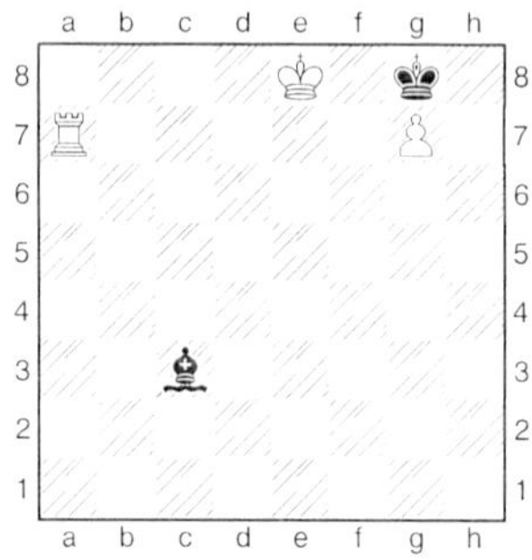

Sendo a vez das pretas de jogar, o bispo pode controlar a casa e7 e, assim, impedir que as peças brancas manobrem para posições mais ativas.

1...♗f6! [Outros lances de bispo perderiam por causa do ataque lateral de torre contra o bispo com ganho de tempo para manobrar para a coluna g, por exemplo: 1...♗b2? 2.♖a2! ♗f6 *(2...♗xg7 3.♖g2+–)* 3.♖g2! ♗e5 4.♔e7 ♗d4 5.♔e6 ♗c3 6.♔f5 ♗xg7 7.♔g6! ♔f8 *(7...♗d4 8.♖d2 ♗b6 9.♖d6 ♗a5 10.♖a6+–)* 8.♖f2+! ♔g8 9.♖a2+–]

2.♖b7 [2.♖d7 ♗g5! *(2...♗h4? 3.♖d4! ♗f6 4.♖g4+–)* 3.♖f7 *(3.♖d5 ♗f6 4.♖d6 ♔xg7!=)* 3...♗h6! 4.♔e7 *(4.♖e7 ♗g5!=)* 4...♗xg7!=]

2...♗g5! [As pretas não podem sair da diagonal d8–h4 e ficar na grande diagonal com 2...♗e5? porque o rei branco teria acesso à casa e7 a fim de manobrar na ala do rei após 3.♔e7! ♗a1 *(3...♔xg7 4.♔e6++–; 3...♗xg7 4.♖b8+! ♔h7 5.♔f7!+–)* 4.♔e6 ♗c3 5.♔f5 ♔h7 6.♖f7 ♗d4 7.g8♕+ ♔xg8 8.♔g6+–]

3.♖b5 [3.♖f7 ♗h6! 4.♖f6 *(4.♔e7 ♗xg7!=)* 4...♔xg7!= *(4...♗xg7? 5.♖g6+–)*]

3...♗f6 4.♖b7 [4.♖f5 ♔xg7!= *(4...♗xg7? 5.♖g5+–)*]

4...♗g5!=

Horwitz & Kling

1851

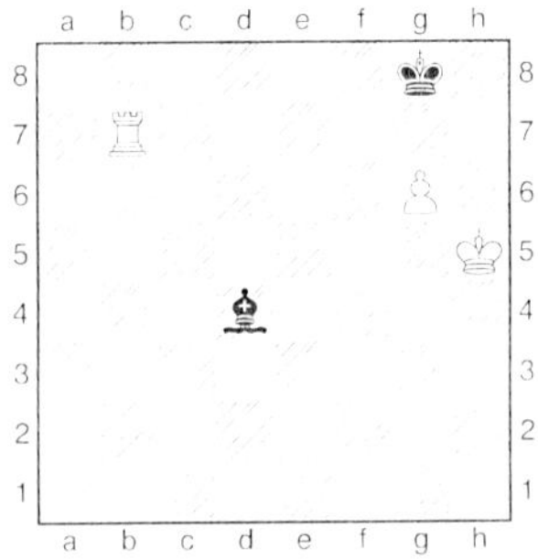

O final com o peão de cavalo na sexta fila é ganho com o sacrifício do mesmo, pois o rei adversário está no canto perigoso.

1.g7 ♔h7 [1...♗xg7 2.♔g6+–]

2.♖f7 ♗c3 [2...♗xg7 3.♖d7 ♔g8 4.♔g6+–]

3.g8♕+ ♔xg8 4.♔g6+– [conforme já demonstrado no primeiro capítulo.]

Posição de Análise - Averbach

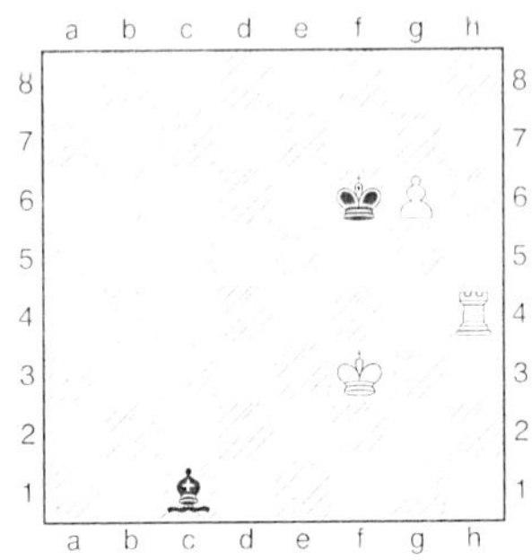

A manobra ganhadora das brancas é um plano multiescalonado. Primeiro, a torre precisa defender o peão. Segundo, manobrar o rei para apoiar o peão.

Terceiro, manobrar a torre para a sétima fila. Quarto, sacrificar o peão. Quinto, atingir a posição teórica de ganho já analisada anteriormente.

1.♖g4 ♔g7 [1...♗h6 2.♔g3 ♔g7 3.♔h4 ♗d2 4.♔h5 ♗c3 5.♖c4 ♗e5 6.♔g5 ♗f6+ 7.♔f5 ♗b2 8.♖c7+ ♔g8 9.g7 ♔h7 *(9...♗xg7 10.♔g6+–)* 10.♖f7 ♗d4 11.g8♕+ ♔xg8 12.♔g6+–]

2.♔e4 ♗b2 3.♔f5 ♗c3 4.♖c4 ♗b2 5.♖c7+ ♔g8 6.g7 ♔h7 [6...♗xg7 7.♔g6+–]

7.♖f7 ♗d4 8.g8♕+ ♔xg8 9.♔g6+–

Lequesne

1858

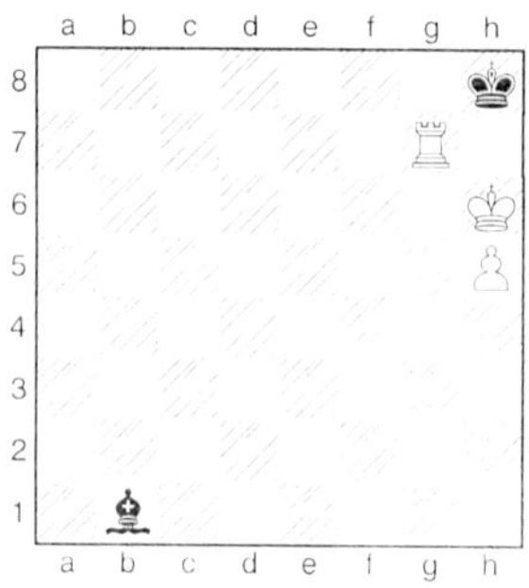

Esta posição é ganhadora para as brancas, pois estas conseguem manobrar o rei e avançar o peão de torre da quinta fila até a sétima fila.

1.♖b7 ♗a2 2.♖b8+ ♗g8 3.♔g5 ♔g7 4.♖b7+ ♔h8 5.♔g6 ♗d5 6.♖h7+ ♔g8 7.♖e7 [7.♖d7? ♗e4+!=]

7...♔h8 [7...♗c6 8.h6 ♔h8 9.h7 ♗e4+ 10.♔h6! ♗c6 11.♖c7+–]

8.h6 ♗a2 9.h7 ♗b1+ 10.♔h6+–

Berger

Apesar da vantagem de torre e peão de torre na quinta fila contra bispo, esta posição está empatada porque o rei preto consegue sair do canto do tabuleiro e o bispo preto controla a diagonal b1–h7, o que restringe a ação do rei branco em h6. As brancas não conseguem progredir na posição.

1...♔g8! [Se 1...♗c4? as brancas conseguem manobrar o rei após 2.♖b8+ ♗g8 3.♔g5+–]

2.♖g7+ [2.♖b8+ ♔f7 3.♖b3 ♗e4 *(3...♗c2 4.♖f3+ ♔g8!=)* 4.♖e3 ♗c2 5.♖f3+ ♔g8!=]

2...♔f8! [Se 2...♔h8? as brancas conseguem manobrar o rei após 3.♖d7 ♗c4 4.♖d8+ ♗g8 5.♔g5+–]

3.♖g4 ♗c2 4.♖d4 [4.♖c4 ♗b1=]

4...♗b1 5.♖d8+ ♔f7! 6.♖d2 [6.♖d1 ♗c2! *(6...♗e4? 7.♖f1+! ♔g8 8.♖g1+! ♔f7 9.♔g5! ♗d3 10.♔f4+– Δ* ♔e5*)* 7.♖f1+ *(7.♖d2 ♗b1=)* 7...♔g8!=]

6...♗e4 7.♖f2+ ♔g8!=

Guretzky-Cornitz
1863

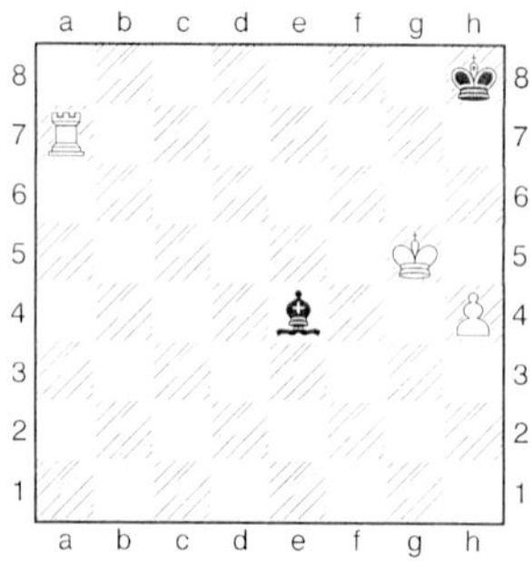

Enquanto a avaliação da posição com o peão na quinta fila (como ganho ou empate) sempre depende do posicionamento das peças, a posição é sempre ganhadora com o peão na quarta fila, pois o rei branco pode manobrar usando a casa h5.

1.♔h6 ♔g8 [1...♗d5 2.h5 ♗e4 3.♖e7 ♗c6 4.♖c7 ♗d5 5.♖c8+ ♗g8 6.♔g5 ♔g7 7.♖c7+ ♔h8 8.♔g6 ♗a2 9.♖h7+ ♔g8 10.♖b7 ♔h8 11.h6 ♗d5 12.♖e7 ♗a2 13.h7 ♗b1+ 14.♔h6+–]

2.♖g7+ ♔f8 [2...♔h8 3.♖e7 ♗c6 4.h5 ♔g8 *(4...♗b5 5.♖b7 ♗c4 6.♖b8+ ♗g8 7.♔g5+–)* 5.♖g7+ ♔h8 *(5...♔f8 6.♔g6 ♗e8+ 7.♔f6! ♗xh5 8.♖h7+–)* 6.♖c7 ♗d5 7.♖c8+ ♗g8 8.♔g5 ♔g7 9.♖c7+ ♔h8 10.♔g6 ♗a2 11.♖h7+ ♔g8 12.♖b7 ♔h8 13.h6 ♗d5 14.♖e7 ♗a2 15.h7 ♗b1+ 16.♔h6+–]

3.♖g5 ♔f7 [A torre controla a coluna g e agora o rei pode manobrar para uma posição mais ativa.]

4.♖g3 ♗c2 [Se 4...♔f8 as brancas ganhariam com uma manobra de rei para poder avançar o peão após 5.♔g5 ♔f7 6.♔f4 ♗b1 7.♔e5 ♗g6 8.♖g5 ♗d3 9.h5 ♗b1 10.h6 ♗g6 11.♖g4 ♗c2 12.♖g7+ ♔f8 13.♔f6+–]

5.♔h5 ♔f6 [Se 5...♔f8 as brancas ganhariam com uma manobra de rei para poder avançar o peão após 6.♖g5 ♗b1 *(6...♗d1+ 7.♔g6 ♔g8 8.♖c5+–)* 7.♔g4 ♔f7 8.♔f4 ♔f6 9.h5 ♗h7 10.h6 ♗g6 11.♖g1 ♗h7 12.♖g7 ♗g6 13.♖a7+–]

6.♖g5 ♗d1+ 7.♔h6 ♔f7 8.♖g7+ ♔f6 [8...♔f8 9.♔g6 ♗h5+ 10.♔f6 ♔e8 11.♖h7 ♗d1 12.h5 ♗c2 13.♖e7+ ♔d8 *(13...♔f8 14.♖c7+–)* 14.h6+–]

9.♖g1 [9.♖g2+–]

9...♗e2 10.♖g2 ♗d3 11.♖f2++–

Kubbel
1934

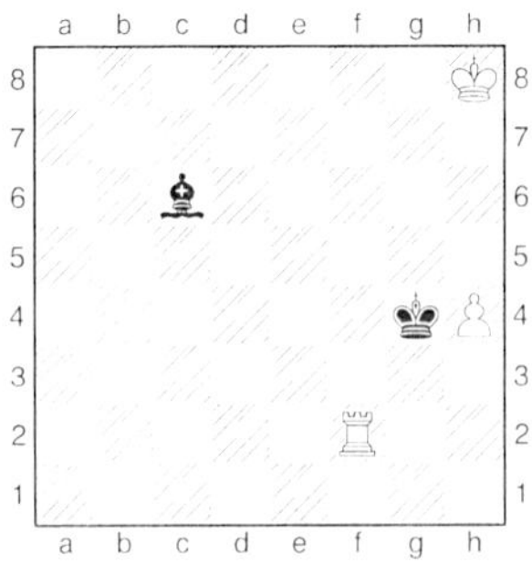

As brancas não conseguem defender o peão e, portanto, dependem de manobra das peças para posições mais ativas para ganhar este estudo de final.

1.♖f6! [1.♖h2? ♔g3 2.♖c2 ♗e8! 3.♖c4 ♗h5=]

1...♗e8 [1...♗d5 2.h5+–]

2.♖h6! ♗h5 3.♔g7! ♔xh4 [3...♗e8 4.♔f6 ♗h5 5.♖h8 ♔xh4 6.♔f5+–]

4.♔f6! ♔g4 5.♖h8! ♔h4 6.♔f5+–

Fritz
1953

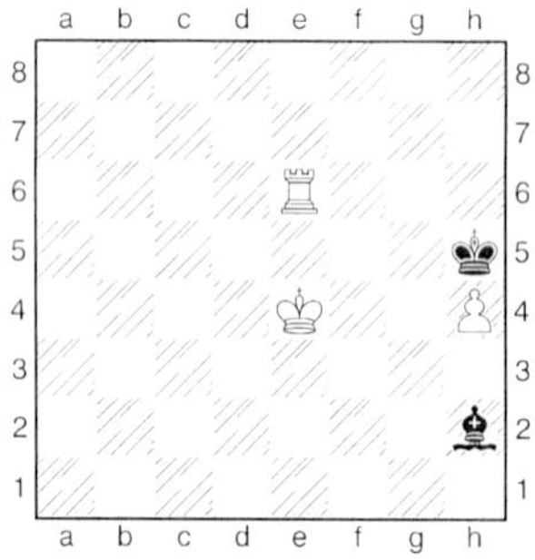

Outro exemplo com o mesmo tema.

1.♔f3! ♗g3 2.♖e2! [Empate por afogamento após 2.♔xg3?=]

2...♗xh4 [2...♔xh4 3.♖e4+ ♔h3 4.♖e8+–]

3.♖h2 ♔g5 4.♖h1!+–

Vancura
1924

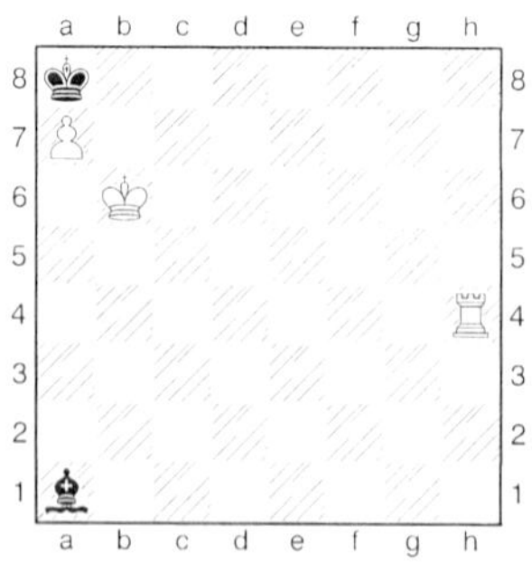

As pretas ameaçam xeque com o bispo para forçar o empate (captura do peão ou afogamento do rei). As brancas precisam evitar ambas as situações com defesa indireta do peão (que não pode ser capturado) e manobra de torre (ganho de tempo sobre o bispo).

1.♔b5! [1.♖e4? ♗d4+!=; 1.♔a6? ♗d4! 2.♖h7 ♗g7! 3.♖h4 ♗d4!=]

1...♗b2 [1...♗f6 2.♖f4! ♗g5 3.♖f7! *(3.♖g4? ♗e3! 4.♔a6 ♗xa7 5.♖g8+ ♗b8=)* 3...♗e3 4.♔a6!+–]

2.♖b4! [As pretas conseguiriam coordenar a defesa após 2.♖a4? ♗c1! 3.♔a6 ♗e3! 4.♖e4 ♗xa7 5.♖e8+ ♗b8=]

2...♗c3 3.♖c4! ♗e5 4.♔a6+–

Z. Birnov

1946

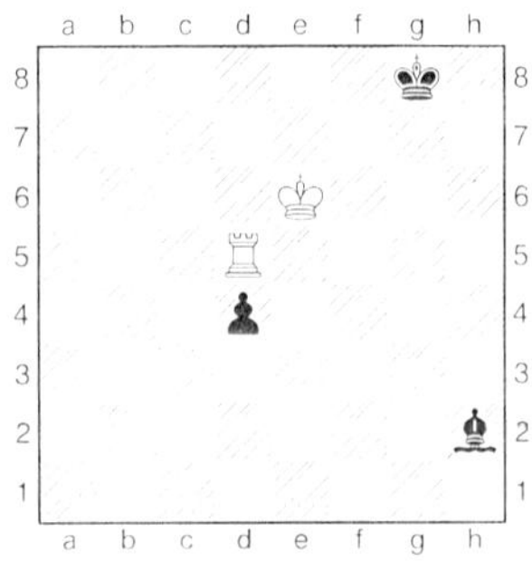

A presença de um peão pode atrapalhar a mobilidade do bispo, em vez de ajudar na defesa contra a torre.

1.♖g5+! ♔f8 2.♖h5 ♗c7 [2...♗g3 3.♖f5+! ♔e8 4.♖g5!+–]

3.♔d7! ♗b6 [3...♗g3 4.♖f5+!+–]

4.♖b5 ♗a7 5.♖a5! ♗b6 6.♖a8+ ♔f7 7.♔c6!+–

L. Ehrlich
1928

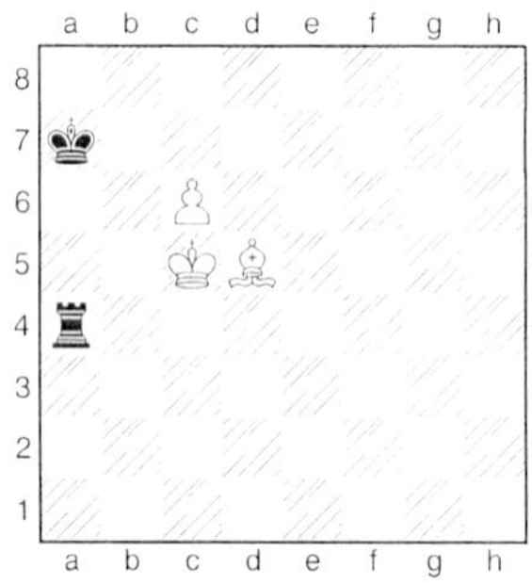

A vitória no final de bispo e peão contra torre ocorre apenas se houver a possibilidade de cobertura do bispo para a coroação do peão.

1.c7! ♖a5+ 2.♔c4! [2.♔d6? ♖xd5+! 3.♔xd5 ♔b7 4.♔d6 ♔c8=; 2.♔c6? ♖xd5 3.c8♕ ♖c5+! 4.♔xc5=; 2.♔b4? ♖b5+! 3.♔c4 ♖b8 4.♗e6 ♔b7=]

2...♖a1 [2...♖xd5 3.c8♕+–]

3.♗c6! ♖c1+ 4.♔d5 ♖d1+ 5.♔e6 ♖e1+ 6.♔f7 ♖f1+ 7.♔g7 ♖g1+ 8.♔h7+– [8.♔h8? ♖b1! 9.c8♕ ♖b8!=]

L. Prokes
1948

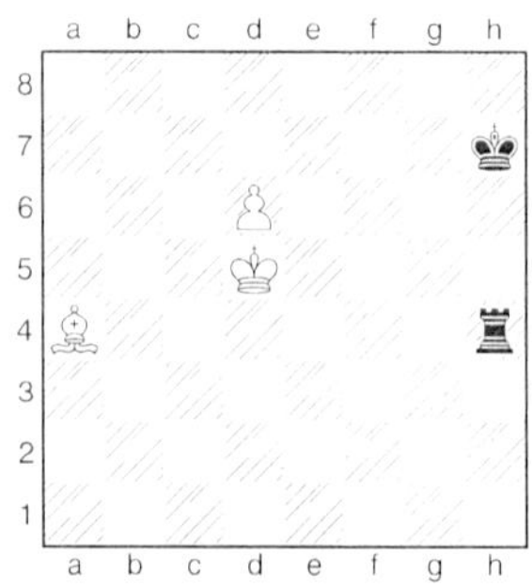

Outro exemplo em que as brancas conseguem ganhar o final de bispo e peão contra torre.

1.d7! ♖h2 [1...♖xa4 2.d8♕+–]

2.♔c4! ♖d2 3.♗c2+! ♖xc2+ [3...♔g7 4.♗d3!+–]

4.♔d3! ♖c1 5.♔d2+–

H. Weenink
1917

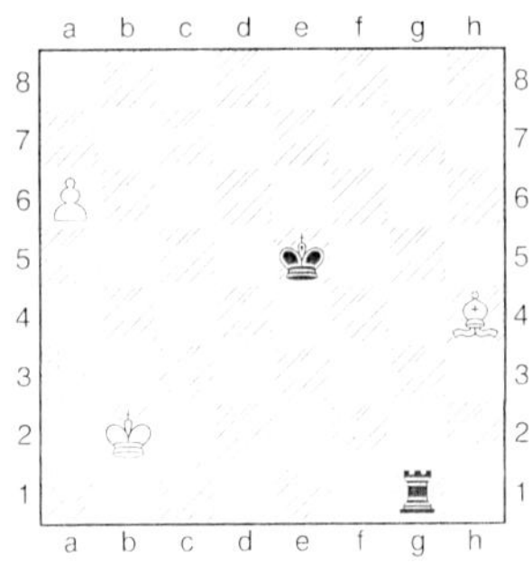

A possibilidade de cobrir a oitava fila com o bispo cria outra maneira de coroar o peão.

1.a7! ♖g2+ [1...♖g8 2.♗g3+! ♔e6 3.♗b8 ♖g2+ 4.♔b3+–]

2.♔a1 ♖g1+ 3.♗e1 ♖g8 [3...♖xe1+ 4.♔b2 ♖e2+ 5.♔b3 ♖e3+ 6.♔b4 ♖e4+ 7.♔b5+–]

4.♗g3+! ♔e6 5.♗b8 ♖g1+ 6.♔b2 ♖g2+ 7.♔b3+–

Averbach

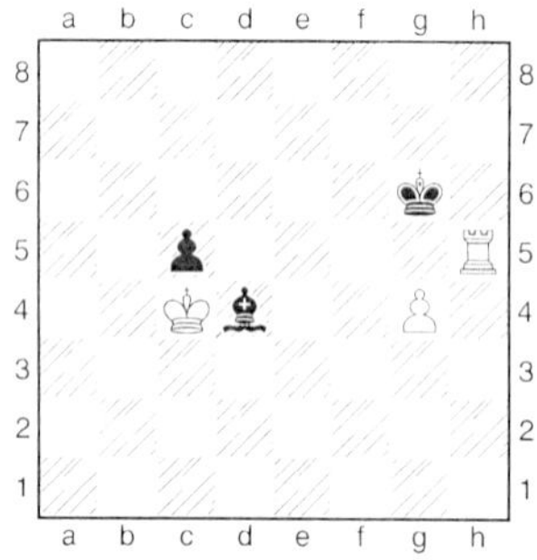

Quando há peões livres, o plano ganhador baseia-se em avançar o peão com apoio do rei e deter o avanço do peão adversário com a torre.

1.♔d3 ♗f2 2.♖d5 ♗d4 3.♔e4 ♗g1 4.♔f4 ♗h2+ 5.♔f3 ♗g1 6.g5 ♔h5 7.♔f4 c4 [7...♔g6 8.♖d6+ ♔g7 9.♖c6 ♔f7 10.♔f5+–]

8.♖d1 ♗c5 9.♔f5 ♔h4 10.♖c1+–

Posição de Análise

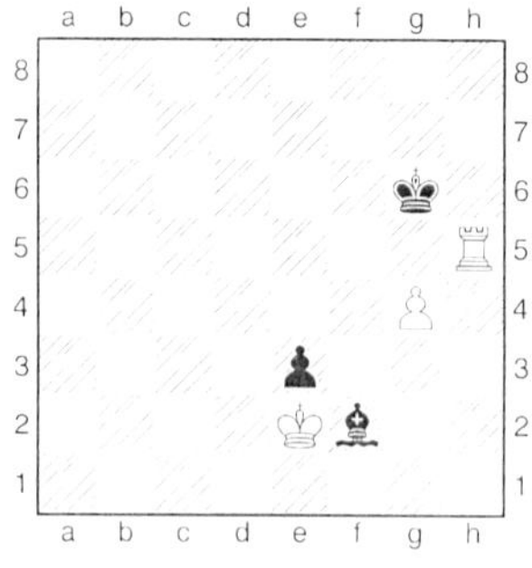

Quando o peão adversário está muito avançado, a torre deve impedir o avanço com o ataque por trás, liberando o rei para apoiar o avanço do peão.

1.♔f3 ♔f6 [1...♗g1 2.♖e5 ♔f6 3.♔e4 ♔g6 *(3...e2 4.♔d5+–; 3...♗h2 4.♖f5++–)* 4.♖e6+ ♔g5 *(4...♔g7 5.♔f5+–)* 5.♖e8 ♗f2 6.♔f3 ♗g1 *(6...♔g6 7.♔f4+–)*

7.♖g8+ ♔f6 8.g5+ ♔f7 9.♖h8 ♗f2 *(9...♔g6 10.♖e8+–)* 10.♖h6 ♔e7 11.♖f6 ♗h4 12.♖f5 ♔e6 13.♖b5 ♗f2 14.♖c5+–]

2.♖f5+ ♔g6 [2...♔e6 3.♖f4+–]

3.♖e5 ♗g1 [3...♔f6 4.♖e4 ♔g5 5.♖e8 ♗g1 *(5...♔g6 6.♔f4+–)* 6.♖g8+ ♔f6 7.g5+ ♔f7 8.♖h8 ♗f2 *(8...♔g6 9.♖e8+–)* 9.♖h6 ♔e7 10.♖f6 ♗h4 11.♖f5 ♔e6 12.♖b5 ♗f2 13.♖c5+–]

4.♔g3 ♔f6 5.♖e8 ♔g5 6.♔g2 ♗f2 7.♔f3 ♗g1 [O rei preto controla a casa f4 e impede que o rei branco apoie o avanço do peão. Neste caso, o plano é o rei branco impedir o avanço do peão preto e a torre branca apoiar o avanço do peão branco.]

8.♖g8+ ♔f6 9.g5+ ♔f7 10.♖h8 ♗f2 [10...♔g6 11.♖e8+–]

11.♖h6 ♔e7 12.♖f6 ♗h4 13.♖f5 ♔e6 14.♖b5 ♗f2 15.♖c5+–

Larsen - Olafsson

Moscou 1959

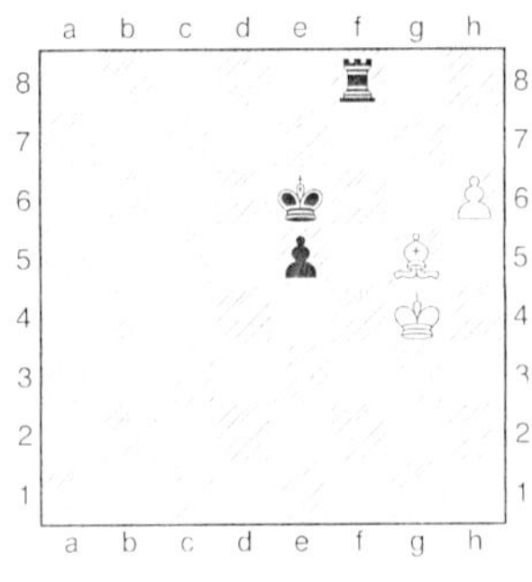

As pretas encontram um interessante plano de sacrifício de qualidade para ganhar o final.

1...♖g8 2.♔h5 ♔f5 3.♗h4 ♖h8! 4.♗g5 ♖h7 5.♗e3 ♖b7 [(Houve vários lances de espera na partida, que estão omitidos aqui, até voltar até à presente posição)]

6.♗g5 e4 7.♗e3 ♖b3 8.♗g5 ♖h3+ 9.♗h4 e3!! 10.h7 e2 11.h8♕ ♖xh4+! [11...♖xh4+! 12.♔xh4 e1♕+ 13.♔h3 *(13.♔h5 ♕h1#)* 13...♕h1+–+]

0–1

Vidmar - Tartakover

Semmering 1926

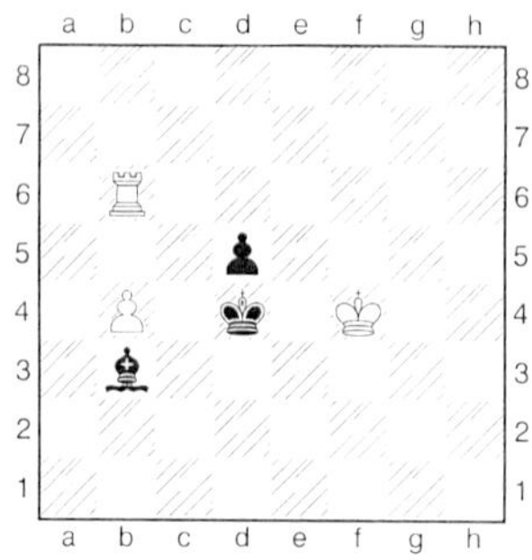

O plano das brancas é deixar o rei preto cortado, ao posicionar a torre na coluna c, e depois manobrar o rei branco até a ala da dama para apoiar o avanço do peão.

1.♖c6! ♗c4 2.♔f3 ♔d3 [2...♗b5 3.♖c7 ♗c4 4.♔f2 ♔d3 5.♔e1 ♗a6 *(5...♔d4 6.♔d2+–)* 6.♖c5 ♔d4 *(6...♗c4 7.b5 ♔d4 8.♖xc4+! dxc4 9.b6+–)* 7.♔d2 ♗d3 *(7...♗c4 8.♔c2+–)* 8.♖c3 ♗b5 9.♔c2+–; 2...♗d3 3.♔f2 ♗c4 4.♔e1 ♔d3 5.♔d1 ♗b3+ *(5...♗b5 6.♖c5 ♗a4+ 7.♔c1 ♔d4 8.♔b2+–)* 6.♔c1 ♗c4 7.♖c5 ♔d4 8.♔b2+–]

3.♔f2 ♔d4 [3...♔d2 4.♖c5 ♔d3 5.b5 ♔d4 6.♖xc4+! dxc4 7.b6 c3 8.♔e2+–]

4.♔e1 ♗b5 [4...♔d3 5.♔d1 ♗b3+ 6.♔c1 ♗c4 7.♔b2 ♔d4 8.♔a3 ♗b5 9.♖c7 ♗e8 10.♖c5 ♗d7 11.♔b3 ♗e8 12.♖c1 ♗b5 13.♖d1++– com a mesma posição da partida após 12. ♖d1+]

5.♖c5 ♗e8 6.♔d2 ♗a4 7.♔c1 ♗e8 8.♔b2 ♗a4 9.♔a3 ♗e8 10.♔b3 [As brancas terminaram a manobra de rei até a ala da dama e agora podem manobrar a torre.]

10...♗d7 11.♖c1 ♗b5 12.♖d1+ ♔e5 13.♔c3 ♗d7 14.♖a1 [As brancas já poderiam centralizar o rei após 14.♖e1+ ♔d6 15.♔d4+–]

14...♗b5 [14...d4+ 15.♔c4 ♗e6+ 16.♔c5+–]

15.♖a5 ♗f1 16.♖c5 [Terminada a manobra de torre, as brancas podem agora levar o rei para uma posição mais ativa no centro para penetrar na ala da dama e avançar o peão.]

16...♔d6 [16...♔e4 17.b5 d4+ 18.♔d2+–]

17.♔d4 ♗a6 18.b5 ♗b7 19.♖c1 ♗a8 20.♖g1 ♔c7 21.♔c5 ♗b7 22.♖g7+ ♔b8 23.♔b6 ♗c8 24.♖g8 d4 25.♔c6

1–0

Smyslov - Averbach

Leningrado 1960

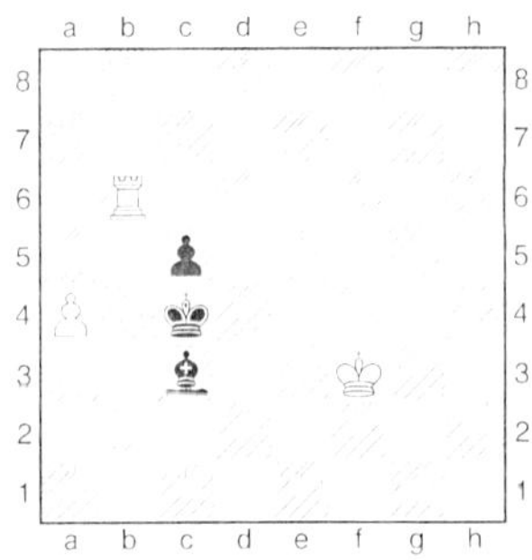

As brancas possuem um peão de torre o que diminui as possibilidades de sucesso no final. As pretas podem sacrificar o próprio peão para empatar o final se o peão branco chegar à sexta fila.

1...♔d3! [As pretas ameaçam avançar o peão.]

2.♖d6+ [2.♖b3 c4=]

2...♔c4! [2...♔c2? 3.♔e4+–]

3.♔e4 ♔b4 4.♔d5 ♗d4 [4...♔xa4?? 5.♔c4!+–]

5.♖a6 ♗g1 6.a5 ♗d4 7.♖a8 ♔b5 8.a6 ♔b6 [As pretas forçaram o avanço do peão branco até a sexta fila e precisam manter o bispo na diagonal g1–a7 para empatar o final.]

9.♔c4 ♗a1?? [As pretas deveriam manter o bispo na diagonal g1–a7 após 9...♗f2= com a ideia de sacrificar o peão em c4.]

10.♖e8? [Também levaria ao empate 10.♖d8? ♗e5! 11.♖e8 ♗d4!=; As brancas ganhariam com 10.♖b8+! ♔a7 11.♖d8! ♗d4 12.♔b5! ♗g1 13.♖d7+ ♔a8 14.a7 c4 15.♔a6+–]

10...♗d4!= [Para empatar o final, as pretas agora precisam manter o bispo na diagonal g1–a7, levar o rei para a7 e sacrificar o peão em c4.]

11.♖e6+ ♔a7 12.♔d5 [12.♔b5 c4! 13.♖e7+ *(13.♔xc4 ♗g1=)* 13...♔a8 14.♔xc4 ♗g1=]

12...♗g1 13.♖g6 ♗f2

½–½

Chéron
1926

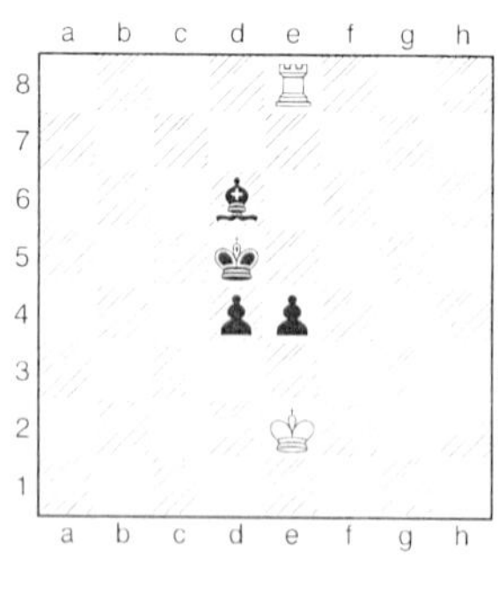

No final contra bispo e dois peões ligados e avançados, a torre deve atacar por trás de maneira a cravar o bispo.

1.♖d8 ♔c6 [1...d3+ 2.♔e3 ♔e6 3.♖h8 ♔f5 4.♖h5+ ♔g4 5.♔xe4=]

2.♔d2 ♗b4+ 3.♔e2 ♗c5 [3...♔c5 4.♖e8 ♔d5 5.♖d8+ ♔c4 6.♖e8 d3+ 7.♔e3 ♗c5+ 8.♔xe4=]

4.♔d2 ♔b5 5.♖e8 ♗b4+ 6.♔e2 d3+ 7.♔e3 d2 8.♖d8 ♔c6 9.♖xd2=

Von der Lasa
1843

Com os peões na sexta fila, surge o tema do sacrifício de bispo que possibilita a coroação de um peão.

1...♗d5 2.♖e8+ ♔d4 3.♖d8 ♔c5 4.♖e8 [4.♖c8+ ♔b4 5.♖b8+ ♔c3 6.♖c8+ ♗c4–+ Δ d2; 4.♔d1 ♗c4 5.♖d7 ♔b4 6.♖d8 ♔c3 7.♖d7 ♗e6 *(7...d2? 8.♖d3+!=; 7...d2+? 8.♔e1!=)* 8.♖c7+ *(8.♖g7 ♗b3+ 9.♔e1 d2+–+)* 8...♔d4 9.♖b7 *(9.♔e1 d2+–+)* 9...♗g4+ 10.♔c1 *(10.♔e1 d2+–+)* 10...d2+–+]

4...d2+ 5.♔e2 ♗f3+–+

Vancura
1928

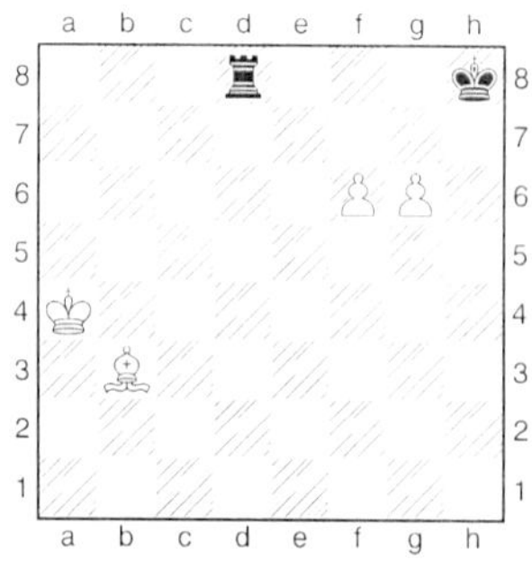

Um final complexo utilizando o tema do zugzwang para levar as peças brancas para posições mais ativas.

1.♗c4! [1.g7+? ♔h7 2.♗f7 ♖d4+! 3.♔b5 ♖g4= Δ ♖xg7; 1.♔b4? ♖b8+ 2.♔c3 *(2.♔c4 ♖b4+ 3.♔c3 ♖g4!=)* 2...♖e8 3.g7+ *(3.♔d4 ♖e4+! 4.♔c5 ♖g4!=)* 3...♔h7 4.♗f7 ♖e3+! 5.♔d4 ♖g3!=]

1...♖b8 [Leva a complicadas e longas variantes a alternativa 1...♖d7 onde as brancas necessitam coordenar muito bem as peças após 2.♔b4! *(2.♔b5? ♖d5+!=)* 2...♖d8 *(2...♖c7 3.♗b3 ♖a7 4.♗e6 ♖c7 5.♗c4 ♖b7+ 6.♔c5 ♖d7 7.♗d5 ♖c7+ 8.♔d6 ♖d7+ 9.♔e5+–)* 3.♔c5 ♖d7 4.♗d5 ♖c7+ 5.♔d6 ♖d7+ 6.♔e5 ♖a7 7.♗e6 ♖a5+ 8.♔d6 ♖a6+ 9.♔e7 ♖a7+ 10.♗d7+–]

2.g7+! ♔h7 **3.♗f7!** ♖**d8** [As pretas estão em zugzwang e o rei branco consegue penetrar para apoiar a coroação do peão.]

4.♔b5 ♖c8 5.♔b6 ♖a8 6.♔b7 ♖d8 7.♔c7 ♖a8 8.♔d6 ♖a6+ 9.♔e7 ♖a7+ 10.♔f8 ♖a8+ 11.♗e8+–

Posição de Análise - Averbach

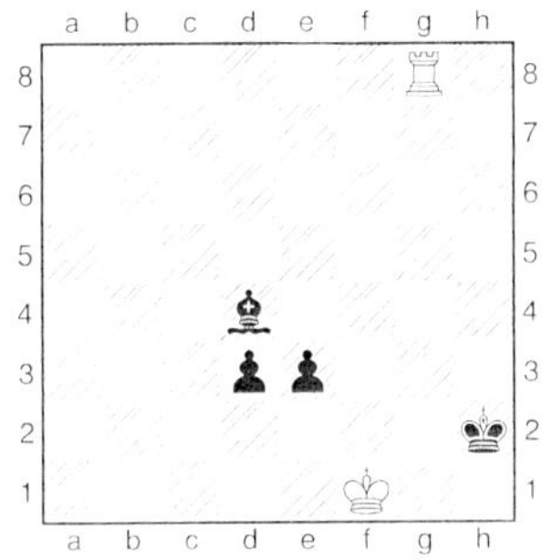

Normalmente uma posição com dois peões na sexta fila apoiados pelo bispo ganha contra a torre, mas aqui há uma exceção por causa da má colocação do rei preto:

1.♖g2+ ♔h3 2.♖d2!= [há afogamento do rei em caso de captura da torre.]

Von der Lasa

1843

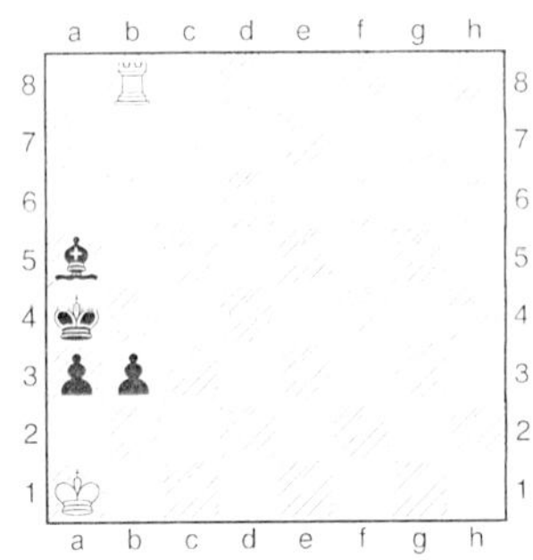

Outra exceção de empate é o caso dos peões de torre e cavalo.

1.♖a8 a2 [1...♔b4 2.♖b8+ ♔c4 3.♖c8+ *(3.♖a8 ♔b5 4.♖b8+ ♗b6 5.♖a8=)* 3...♔d3 4.♔b1! ♔d2 *(4...♗c3 5.♖d8+ ♗d4 6.♖a8!=)* 5.♖c6 *(5.♖a8? a2+! 6.♔b2 a1♕+! 7.♔xa1 ♔c2! 8.♖c8+ ♗c3+ 9.♖xc3+ ♔xc3–+)* 5...a2+ 6.♔a1! *(6.♔b2? ♗c3+!–+)* 6...♗c3+ 7.♖xc3 ♔xc3=]

2.♔b2 ♔b5 3.♖b8+ ♗b6 4.♖a8!=

Fine
1941

Os peões pretos ainda não cruzaram a metade do tabuleiro. As brancas podem fazer a defesa lateral de torre.

1...♗e7 [1...♔f5 2.♖h5+ ♔f4 3.♖h4+ ♔f3 4.♖h5 e4+ 5.♔c2 e3 6.♖xd5 e2 7.♖d1 *(7.♖e5? ♗e3!–+)* 7...♗f2 8.♖b1=]

2.♖h1 [As brancas podem manter o controle da quarta fila com a torre, mas as pretas mesmo assim manobram para avançar os peões após 2.♖a4 ♗c5 3.♖a6+ ♔f5 4.♖a4 e4+ 5.♔e2 ♗b6 6.♖a6 ♗c7 7.♖a4 ♗e5 8.♖a5 d4 9.♖a3 ♗d6 *(9...♗f4 10.♖h3 ♔g4 11.♖a3=)* 10.♖b3 ♔e6 11.♖h3 ♔d5 12.♖h8 ♔c4 13.♖e8 *(13.♖c8+? ♗c5! 14.♖e8 d3+! 15.♔d1 e3–+)* 13...d3+ 14.♔e3 ♗c5+ 15.♔xe4 d2 16.♖d8=]

2...e4+ [2...♔f5 3.♖f1+ ♔g4 4.♖f7 ♗c5 5.♖d7 e4+ 6.♔e2 d4 7.♖d5 ♗b6 8.♖d6=]

3.♔d4 ♗f6+ 4.♔e3 ♗d8 5.♖h6+ ♔e5 6.♖h5+ ♔d6 7.♖h6+ ♔c5 8.♖e6 ♗g5+ 9.♔e2 ♗f4 10.♔f2 ♔d4 11.♔e2=

Korteling
1928

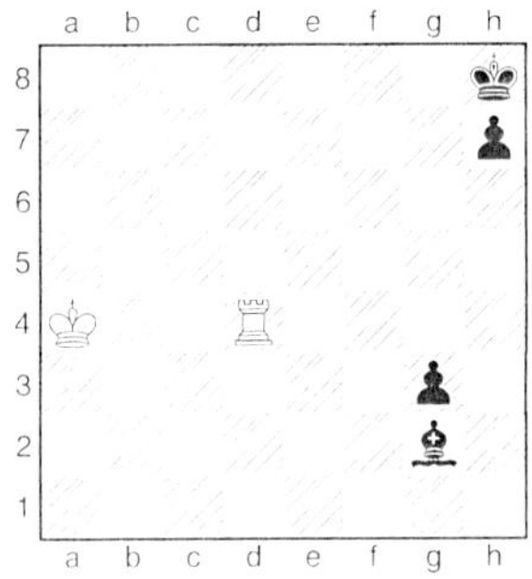

O rei branco parece muito distante e fora do jogo, mas é a peça fundamental para a obtenção do empate por afogamento.

1.♖d8+! ♔g7 2.♖d3! ♗c6+ 3.♔b4! [3.♔b3? g2! 4.♖g3+ ♔f6 5.♔c3 h5 6.♔d3 h4 7.♖g8 h3 8.♔e3 h2–+]

3...g2 4.♖g3+! ♔f6 5.♔c5! ♗b7 6.♔d4! h5 7.♔e3! h4 8.♔f2!! [8.♖xg2? ♗xg2 9.♔f2 h3–+]

8...hxg3+ 9.♔g1!=

Mattison
1914

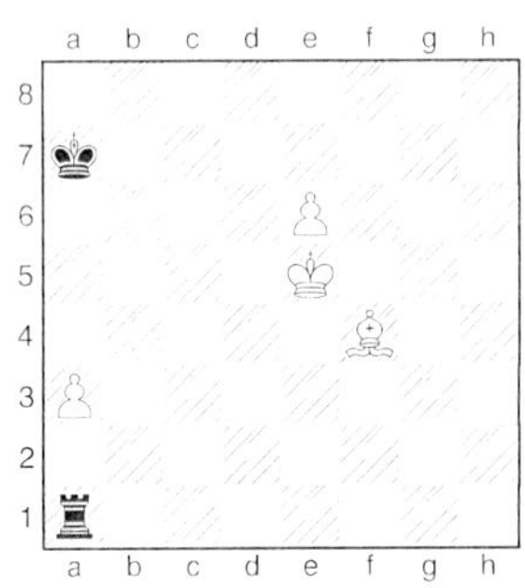

Uma instrutiva posição que mostra o bispo sendo utilizado para interferência ou desvio das peças.

1.♗e3+! ♔b7 2.e7 ♖xa3 [Agora as brancas conseguem uma interferência na ação das peças pretas.]

3.♗a7!! ♖a1 [3...♖xa7 4.e8♕+–; 3...♔xa7 4.♔d4 ♖a4+ 5.♔d5 ♖a5+ 6.♔d6 ♖a6+ 7.♔d7+–]

4.♔f4! ♖f1+ [Agora as brancas conseguem provocar o desvio da torre para poder atacá-la com ganho de tempo.]

5.♗f2!! ♖xf2+ 6.♔e3 ♖f1 7.♔e2+–

V & M Platov

1908

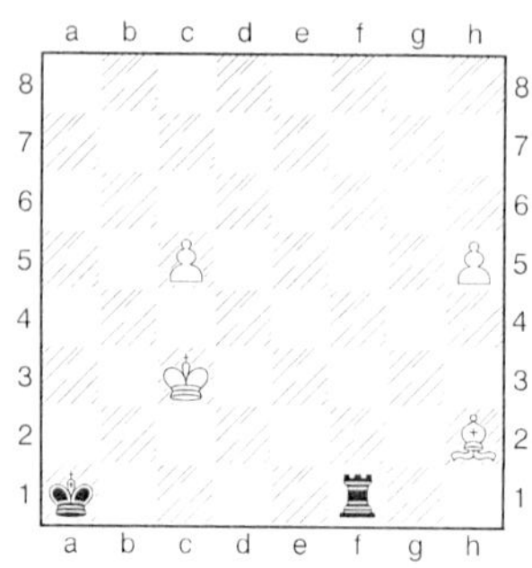

Não há como defender o peão de torre. Portanto, o plano das brancas é avançar o peão de bispo e mover as peças para posições mais ativas.

1.♔b4! [1.h6? ♖f6!=; 1.♔c4? ♖f5! 2.c6 ♖xh5 3.c7 ♖xh2=]

1...♖f5 [1...♖b1+ 2.♔c4 ♖c1+ 3.♔d5 ♖d1+ 4.♔e6 ♖c1 5.♗d6 ♖h1 6.c6 ♖xh5 7.♗e5+ ♔a2 8.c7+–]

2.c6 ♖xh5 [As brancas conseguem avançar rapidamente o peão e aproveitam que a grande diagonal está aberta.]

3.c7 ♖h4+ [3...♖h8 4.♗e5+!–+]

4.♔b5 ♖h5+ 5.♔b6 ♖h6+ 6.♗d6! [6.♔b7? ♖h7!=]

6...♖xd6+

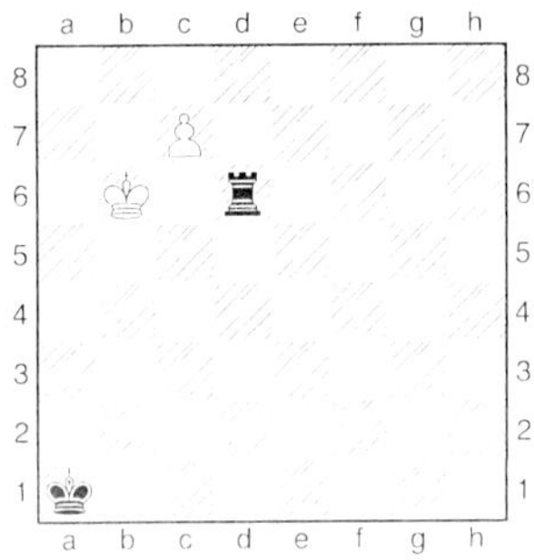

Famosa posição que já foi analisada no apêndice do livro Finais de Torre.

7.♔b5! ♖d5+ 8.♔b4! ♖d4+ 9.♔b3! ♖d3+ 10.♔c2! ♖d4 11.c8♖! [11.c8♕? ♖c4+! 12.♕xc4=]

11...♖a4 12.♔b3!+–

Euwe
1940

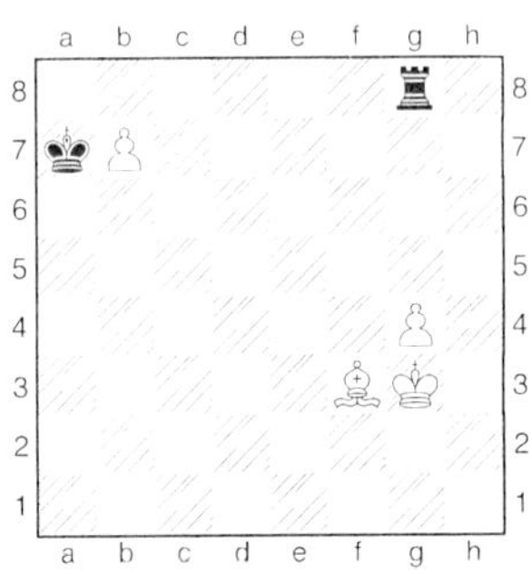

O rei preto controla um peão branco e a torre preta controla o outro peão branco. A posição é de empate, pois o rei branco não consegue apoiar o avanço de um peão e tampouco apoiar o outro peão.

1.♔h4 ♖h8+ 2.♔g5 ♖g8+ 3.♔f4 [3.♔f6 ♖xg4=]

3...♖f8+ 4.♔g3 [4.♔e3 ♖g8= Δ ♖xg4]

4...♖g8=

V. Daniel

1908

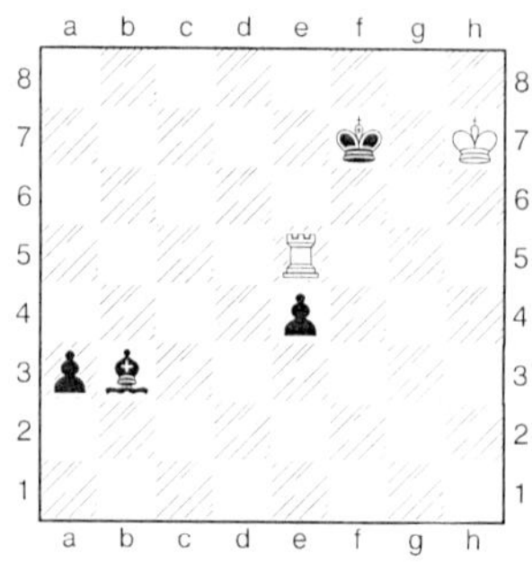

Uma extraordinária posição com diversas situações de afogamento do rei branco.

1.♖xe4! ♗c2 2.♔h8! a2 [Há empate por afogamento após 2...♗xe4=]

3.♖e1! ♗b1 4.♖e5!! a1♖ [Há empate por afogamento após 4...a1♕=]

5.♖a5!!= [e a captura da torre branca leva ao empate por afogamento.]

M. Borriss - W. Watson

Bundesliga 1996/97

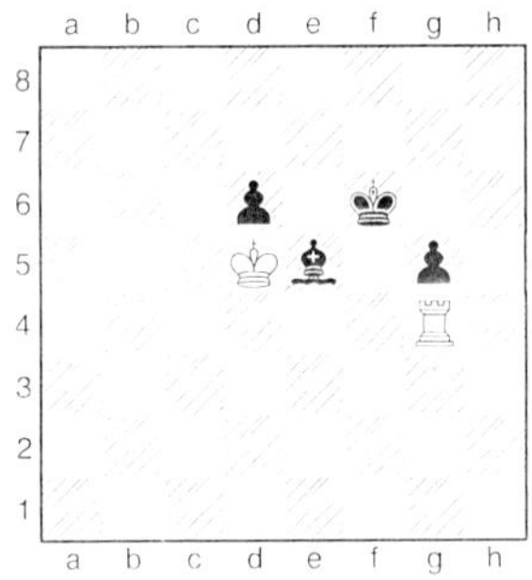

As pretas conseguem apoiar o avanço do peão na ala do rei, mas as brancas podem manter o controle da segunda fila com a torre para conseguir o empate.

1...♔f5 2.♖g1 g4 3.♖f1+ ♗f4 4.♔d4 g3 5.♔d3 ♔g4 6.♖g1 [As brancas também empatariam com 6.♔e4=]

6...♗e5 7.♔e3 [As brancas poderiam impedir o avanço do peão central com 7.♔e4=]

7...d5 8.♖d1? [As brancas conseguiriam o empate ao manter o controle da segunda fila com a torre após 8.♖g2 ♔h3 *(8...♔f5 9.♔f3 ♗f4 10.♖a2=)* 9.♔f3! d4 10.♖e2 ♗f6 11.♖g2=]

8...g2! [Ao avançar o peão preto para a sétima fila, o bispo preto pode jogar de maneira ativa com a diagonal aberta para apoiar a coroação do peão.]

9.♔e2 [9.♔f2 ♔h3! 10.♖xd5 ♗g3+! 11.♔g1 ♗h2+! 12.♔f2 g1♕+–+]

9...♗h2 10.♖d4+ ♔h3 11.♖d3+ ♗g3 12.♖d1 [12.♖d1 d4 13.♔f3 ♗h2 14.♔e4 g1♕ 15.♖xg1 ♗xg1–+]

0–1

Byelov - Tatarintsev

Kislovodsk 1960

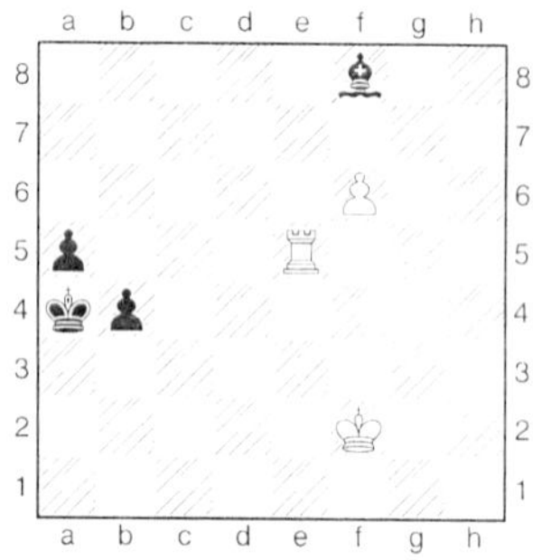

A avaliação do final de bispo e dois peões contra torre e um peão depende muito do quanto estão avançados os peões e da posição dos reis. Um tema recorrente é o sacrifício do bispo pelo peão adversário e a luta do rei com dois peões contra a torre.

1.♔e2 b3 2.♔d1 ♔b4 [O plano das brancas é levar o rei para bloquear o avanço dos peões na ala da dama e levar a torre para a ala do rei para apoiar a coroação do peão.]

3.♖e8 ♗h6 4.♖h8 ♗g5 5.f7 ♗e7 6.f8♕ ♗xf8 7.♖xf8 ♔a3 [7...a4 8.♔c1 a3 9.♖a8 b2+ 10.♔c2+–; 7...b2 8.♔c2 ♔a3 9.♖b8 a4 10.♖b7+– *(10.♖xb2??=)*]

8.♖f2 b2 9.♔c2 ♔a2 10.♔c3! [10.♖f1? a4! 11.♖b1 a3=]

10...♔a3 11.♖xb2 a4 12.♖b8

1–0

V. & M. Platov

1906

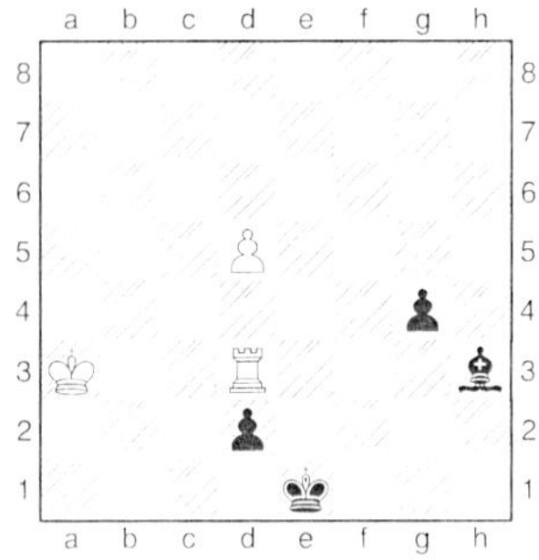

Um estudo de final que mostra o recurso defensivo do afogamento para salvar a posição.

1.d6 g3 2.d7 ♗xd7 3.♖xg3! ♗b5 4.♖b3! [4.♖g1+? ♗f1!–+]

4...d1♕ 5.♖b1!=

Z. Birnov

1947

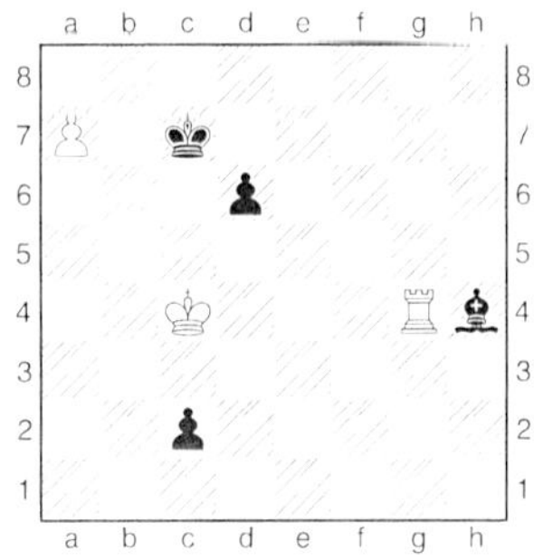

Um interessante estudo de final que utiliza o recurso da coroação de peça menor para mostrar a coordenação de peças com ataque de mate.

1.♖g7+! [1.♖g1? ♔b7=]

1...♔b6 2.a8♘+!! ♔a6 [2...♔a5 3.♖a7#; 2...♔c6 3.♖c7#]

3.♘c7+! ♔a5 [3...♔a7 4.♘e6+! ♔b6 5.♖g1 ♗f6 6.♖c1+–]

4.♖g1 ♗g5 5.♖xg5+! d5+ 6.♖xd5+! ♔a4 [6...♔b6 7.♖b5+! ♔xc7 8.♖c5+!+–]

7.♘b5!! c1♕+ 8.♘c3+! ♔a3 [8...♕xc3+ 9.♔xc3 ♔a3 10.♖a5#]

9.♖a5+ ♔b2 10.♖a2#

J. Berger

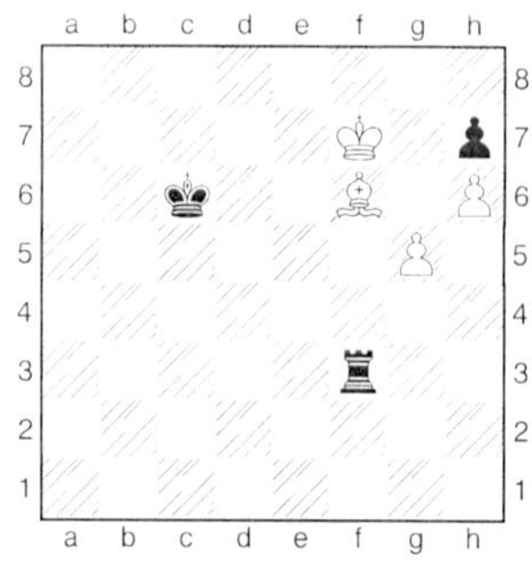

As pretas não conseguem impedir a captura do peão de torre. Portanto, a coordenação das peças com sacrifício de qualidade é fundamental para obter o empate contra o rei no canto do tabuleiro.

1...♔d7 2.♔g7 ♔e6! 3.♔xh7 ♖xf6!! 4.gxf6 [Outra alternativa, que também levaria ao empate, seria recusar o sacrifício e ficar com dois peões na sexta fila, devendo avançar um deles para a sétima fila, após 4.g6 ♖f8! 5.♔g7 *(5.g7 ♔f7!=)* 5...♖a8 6.h7 ♔f5! 7.♔h6 *(7.h8♕ ♖xh8 8.♔xh8 ♔xg6=)* 7...♖a1 8.♔g7 *(8.g7?? ♖h1#)* 8...♖a7+ 9.♔h6! *(9.♔g8?? ♔xg6 10.h8♘+ ♔f6–+)* 9...♖a1=]

4...♔f7! 5.♔h8 ♔f8!=

Averbach - Jogam brancas e ganham

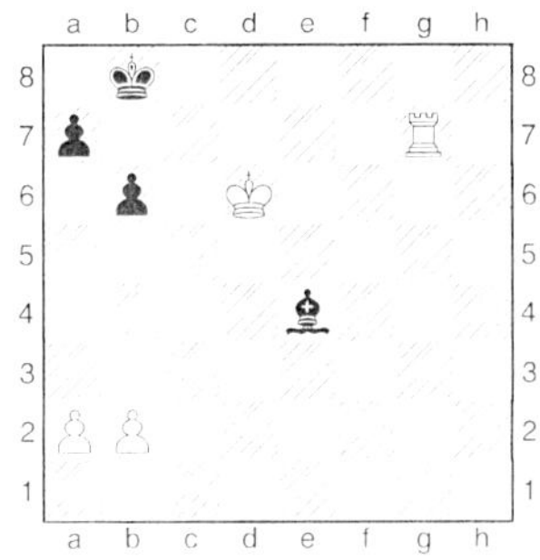

Nos finais com igualdade de peões, sendo dois ou mais para cada lado, normalmente há uma clara vantagem da torre sobre o bispo. Se fosse lance das pretas na posição do diagrama, estas poderiam criar uma posição de fortaleza com 1...a5!=. Sendo lance das brancas, estas conseguem impedir o plano das pretas com o avanço do peão de cavalo.

1.b4! ♗f3 [1...a5 2.bxa5 bxa5 3.♔c5 a4 4.♔b6 ♔c8 5.♖c7+ ♔d8 6.♖c4+– Δ ♖xa4]

2.a4 ♗e4 3.a5 bxa5 4.bxa5 a6 5.♔c5 ♗d3 6.♔b6 ♔c8 7.♖c7+ ♔d8 8.♔b7+–

Averbach - Bispo Casa Preta - Empate - Posição de Fortaleza

Movendo-se as peças brancas uma casa para trás e as peças pretas e os peões pretos uma casa para frente, há uma posição de fortaleza, pois as peças brancas não conseguem penetrar e, assim, as pretas conseguem defender a posição e obter o empate.

1...♗f2! [1...♗a7? 2.♖g7+! ♔b6 3.♖xa7 ♔xa7 4.♔c6! b4 5.b3+–; 1...♗b6? 2.♖g7+ ♔b8 3.b3 ♗f2 4.♔c6 ♗e3 5.b4 ♗d4 6.♖g3 ♗f2 7.♖f3 ♗d4 8.a4 bxa4 9.♖a3 ♔a7 10.♖xa4+–]

2.♖g7+ ♔b6! [2...♔b8? 3.♔c6!+–]

3.♖g6+ ♔b7=

Averbach - Bispo Casa Branca - Empate - Posição de Fortaleza

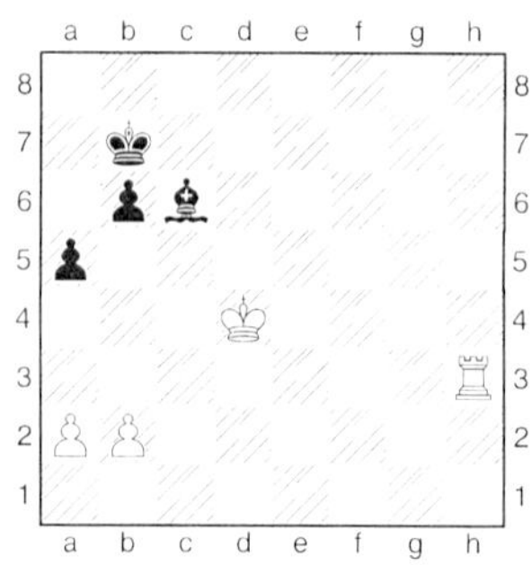

A posição de fortaleza ocorre quando os peões estão na casa oposta a da cor do bispo e o peão de torre das pretas impede o avanço do peão de cavalo das brancas.

1.♔e5 ♔c7 2.♖h7+ ♔b8 3.♔d6 [3.a3 ♗f3 4.b4 axb4 5.axb4 ♗g2 6.♔d6 ♗f3= o bispo controla a grande diagonal.]

3...♗f3 4.a4!? ♗g2 [4...♗e4? 5.♖h4 ♗f3 6.♖f4! *(6.b4? axb4 7.♖xb4 ♔a7 8.♔c7 ♔a6 9.♖xb6+ ♔a5 10.♖f6 ♗d1!=)* 6...♗d1 *(6...♗g2 7.b4! axb4 8.♖xb4 ♔a7 9.♔c7 ♔a6 10.♖xb6+ ♔a5 11.♖b2! ♗f3 12.♖a2! ♗d1 13.♔c6+–)* 7.♔c6 ♔a7 8.♖d4 ♗e2 *(8...♗f3+ 9.♔c7 ♗e2 10.♖d5 ♗f1 11.♖b5+–)* 9.♖d7+ ♔a6 10.♖d8

♔a7 11.♖e8 ♗d3 12.♖e3 ♗c4 13.b3 ♗f1 14.♖e7+ ♔a6 15.♖e5 ♗g2+ 16.♔c7 ♗f1 *(16...♔a7 17.♖b5+–)* 17.♖e6+–]

5.♖h4 ♔b7 6.b4 axb4 7.♖xb4 ♔a6 8.♔c7 ♔a5 9.♖xb6 ♔xa4=

CAPÍTULO 3
Torre contra bispo (com peões bloqueados)

Reuben Fine
1941

O plano das brancas para este tipo de final de torre contra bispo com peão bloqueado central é penetrar com o rei e depois capturar o peão preto com a torre.

1.♖h6+ ♔d7 2.♔c4 ♔e7 3.♔d5 ♗c3 4.♖h7+ ♔f6 [4...♔f8 5.♔e6 ♗d4 6.♖h8+ ♔g7 7.♖h5 ♔f8 8.♔d7 *(As brancas não podem precipitar a captura do peão com 8.♖xe5? ♗xe5 9.♔xe5 ♔e7!=)* 8...♔f7 9.♖f5+ ♔g6 10.♔e6 ♗c3 11.♖xe5+–]

5.♔d6 ♗b4+ 6.♔d7 ♔g6 7.♖h1 ♗d2 8.♔e6 ♗f4 [8...♗c3 9.♖f1 ♔g5 *(9...♗d4 10.♖f5 ♗c3 11.♖xe5+–)* 10.♖f5+ ♔g6 11.♖xe5+–]

9.♖g1+ ♔h6 10.♔f5 ♔h7 11.♖g6 ♔h8 12.♖e6 ♔g7 13.♖xe5+–

T. Todorov - M. Kaminski
Krynica 1998

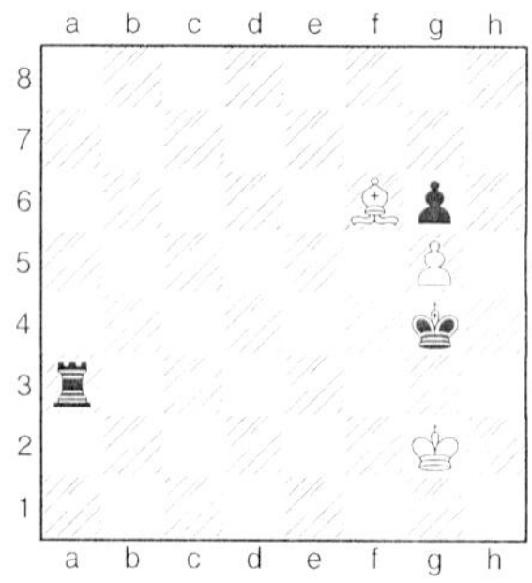

O plano das pretas é posicionar a torre na sétima fila para manter o rei branco cortado na sua primeira fila. Ao ameaçar xeque-mate no canto do tabuleiro, as pretas conseguem coordenar as peças para capturar o peão branco em g5.

1...♖a2+ 2.♔g1 ♖c2 3.♗d8 [As brancas poderiam manter a defesa do peão, mas as pretas conseguiriam entrar num final de peões ganhador com a coordenação de rei e torre para capturar o peão branco em g5 após 3.♗e7 ♖e2 4.♗f6 ♔f3 5.♔f1 *(5.♗d8 ♖g2+ 6.♔h1 ♔g3 7.♗c7+ ♔h3–+)* 5...♖d2 6.♔g1 *(6.♔e1 ♖d5–+)* 6...♖g2+ 7.♔f1 *(7.♔h1 ♔g3 8.♗e5+ ♔h3 9.♗f6 ♖g4 10.♗d8 ♖d4 11.♗b6 ♖d1+ 12.♗g1 ♖d5–+)* 7...♖g4 8.♔e1 *(8.♗e7 ♖d4 9.♔g1 ♔g3 10.♔f1 ♖f4+ 11.♔g1 ♖e4 12.♗d6+ ♔f3–+)* 8...♖g1+ 9.♔d2 ♔f4 10.♔e2 ♖xg5–+]

3...♔g3 4.♔f1 ♖f2+ [4...♔f3 5.♔e1 *(5.♔g1 ♖g2+ 6.♔h1 ♔g3 7.♗c7+ ♔h3–+)* 5...♖c5 6.♗f6 ♖d5–+]

5.♔g1 [5.♔e1 ♖f5 6.♗f6 ♔g4 7.♔e2 ♖xg5–+]

5...♖d2 [Diante da ameaça de xeque-mate, o bispo branco é forçado a abandonar a defesa do peão branco em g5.]

6.♗c7+ ♔g4 [6...♔f3 7.♗e5 *(7.♔h1 ♖d5–+)* 7...♖g2+–+]

7.♗b6 [7.♗a5 ♖d5–+]

7...♖d1+ [7...♔f3 8.♗c5 ♖g2+ 9.♔f1 ♖xg5–+]

8.♔g2 ♔xg5 9.♔g3 ♖d3+ 10.♔g2 ♔g4 11.♗c7 ♖d2+ 12.♔g1 [12.♔f1 ♔f3–+]

12...♖c2 13.♗b8 ♔f3 14.♗a7 g5

0–1

I. Sotnikov - V. Filippov

Moscou 1995

As brancas não conseguem capturar o peão preto em g5 para ganhar o final de peões por causa da proximidade do rei preto que levaria ao empate. O plano ganhador é criar uma ameaça de xeque-mate de maneira a forçar uma posição de zugzwang para levar a outro tipo de final de peões.

1.♖a7+ ♔h6 [1...♔f8 2.♔f6 ♔e8 *(2...♔g8 3.♖a8+ ♔h7 4.♔f7+–)* 3.♖a8+ ♔d7 4.♖g8 ♗e3 5.♖xg5+–]

2.♔f6 ♗e3 3.♖a3 [3.♖a2 ♗f4 4.♖a3 ♔h7 5.♔f7+–]

3...♗d4+ 4.♔f7 ♗f2 5.♖h3+ [5.♔g8 Δ ♖a6+]

5...♗h4 6.♖h1 ♔h7 7.♖xh4+ gxh4 8.g5

1–0

J. Enevoldsen

1949

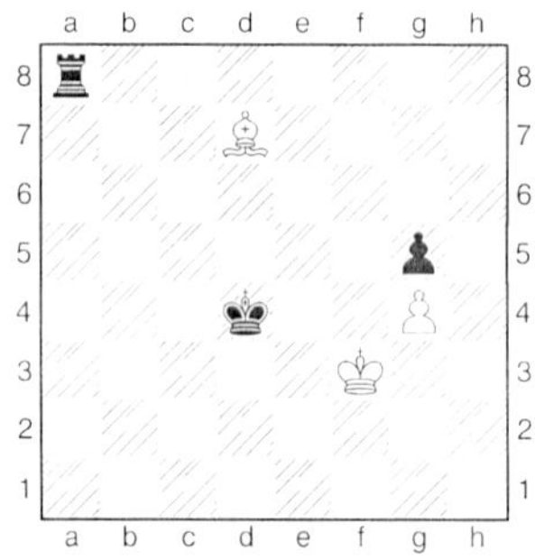

As pretas não conseguem capturar o peão branco em g4 para ganhar o final de peões por causa da proximidade do rei branco que levaria ao empate. O plano ganhador é criar uma ameaça de xeque-mate de maneira a forçar uma posição de zugzwang para levar a outro tipo de final de peões.

1...♖a3+ 2.♔g2 ♔e4 3.♗f5+ ♔f4 4.♗e6 ♖d3 5.♗f5 ♖d2+ 6.♔h3 [6.♔f1 ♔f3 7.♔e1 ♖d8–+; 6.♔g1 ♔f3 7.♗g6 ♖d1+ 8.♔h2 ♖d6 9.♗f7 ♔f2 10.♗e8 *(10.♔h3 ♖d7 11.♗g6 ♖d4 12.♗e8 ♔g1–+)* 10...♖h6+ 11.♗h5 ♖xh5+ 12.gxh5 g4–+]

6...♔f3 7.♗e6 ♖d6 [7...♔f2 8.♔h2 *(8.♗f7 ♔g1–+; 8.♗g8 ♖d7–+)* 8...♖d4 9.♔h3 ♔g1–+]

8.♗f7 ♖h6+ 9.♗h5 ♔f2 10.♔h2 ♖xh5+ 11.gxh5 g4 12.h6 g3+ 13.♔h3 g2 14.h7 [Obviamente as brancas poderiam jogar 14.♔g4 g1♕+–+]

14...g1♕ 15.h8♕ ♕g3# [A solução do estudo de final mostra até o xeque-mate para demonstrar que é possível ganhar, mesmo deixando o outro lado também coroar a dama.]

Rubinstein - Tartakover

Viena 1922

Uma interessante posição de empate que mostra que o peão preto pode ser defendido lateralmente pela torre, ou pela coluna g, de maneira a permitir a manobra do rei preto até a casa c2, mas as brancas conseguem neste momento sacrificar o bispo para empatar o final de peão na quarta fila contra torre.

1...♖g7 [1...♔d4 2.♗d2 ♔e5 3.♗e3 ♔f6 4.♗d4+ ♔g6 5.♗e3 ♖b8 6.♗d2 ♖b5 7.♔e4 ♔f6 8.♗c3+ ♔e6 9.♗d2 ♔d6 10.♗e3 ♔c6 11.♗d2 ♔b6 12.♗e3+ ♔a5 13.♗d2+ ♔a4 14.♗e3 ♔b3 15.♗c1 ♔c2 16.♗xg5! ♖xg5 17.♔f4! ♖g8 18.g5 ♔d3 19.♔f5 ♔d4 20.♔f6 ♔d5 21.g6 ♔d6 22.♔f7=]

2.♔f2 ♔c2 3.♗e3 ♖g8 4.♔f3 ♔d3 5.♗c1!= [5.♗c1! ♔c2 6.♗xg5! ♖xg5 7.♔f4! ♖g8 8.g5 ♔d3 9.♔f5 ♔d4 10.♔f6 ♔d5 11.g6 ♔d6 12.♔f7=]

½–½

Salwe - Rubinstein
Praga 1909

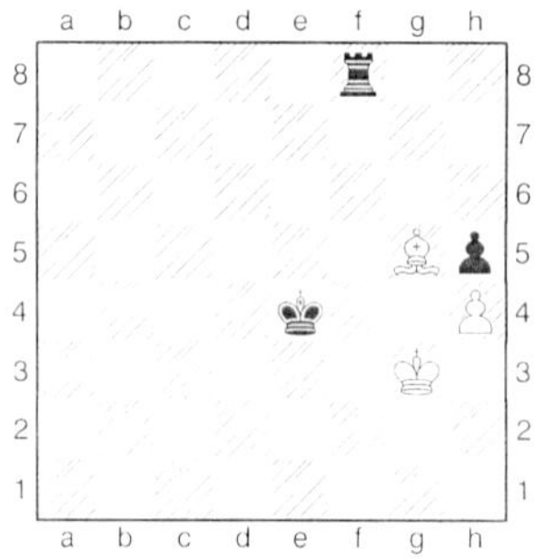

As pretas controlam a coluna f com a torre e podem levar o rei branco para uma posição de zugzwang. Ao afastar o rei branco, as pretas conseguem capturar o peão branco para ganhar o final.

1...♖f7 [Outro plano para ganhar o final é levar o rei até a casa e2 e depois manobrar a torre para forçar o zugzwang do rei branco após 1...♔d3 2.♗f4 ♔e2 3.♗g5 ♖f3+ 4.♔g2 ♖a3 5.♗e7 *(5.♗f4 ♖a4 6.♗g5 ♖g4+ 7.♔h3 ♔f3 8.♗f6 ♖g3+ 9.♔h2 ♔g4 10.♗g5 ♖f3 11.♔g2 ♖f8 12.♗e7 ♖e8 13.♗g5 ♖e2+ 14.♔f1 ♔f3–+)* 5...♖a4 6.♗d8 ♖g4+ 7.♔h3 ♔f3 8.♗c7 ♖g1 9.♗h2 *(9.♔h2 ♖c1 10.♗d8 ♖c8 11.♗g5 ♔g4 12.♔g2 ♖f8 13.♗e7 ♖e8 14.♗g5 ♖e2+ 15.♔f1 ♔f3–+)* 9...♖f1 10.♗c7 ♖h1+ 11.♗h2 ♔e4 12.♔g2 *(12.♔g3 ♔f5 13.♔g2 ♖d1 14.♔h3 ♖d3+ 15.♗g3 ♖a3 16.♔g2 ♔g4 17.♗e1 ♖a2+ 18.♗f2 ♖b2 19.♔g1 ♔f3–+)* 12...♖d1 13.♗g1 *(13.♗g3 ♔f5 14.♔f3 ♖d3+ 15.♔g2 ♔g4 16.♗e1 ♖a3 17.♗f2 ♖a2 18.♔g1 ♔f3–+; 13.♗c7 ♔f5 14.♔h3 ♖d3+ 15.♗g3 ♖a3 16.♔g2 ♔g4 17.♗e1 ♖a2+ 18.♗f2 ♖b2 19.♔g1 ♔f3–+; 13.♔f2 ♖d2+ 14.♔g3 ♔f5 15.♗g1 ♖d3+ 16.♔f2 ♖d1 17.♔g2 ♔g4 18.♗f2 ♖d2 19.♔g1 ♔f3–+)* 13...♔f4 14.♗c5 ♔g4 15.♗e7 ♖d2+ 16.♔f1 ♔f3 17.♔g1 ♖e2–+ Δ ♔g4]

2.♗h6 ♖f3+ 3.♔g2 ♖d3? [O plano correto para ganhar é manter o controle da coluna f com a torre e manobrar o rei até a casa e2 após 3...♖f7 4.♗g5 ♔d3 5.♔g3 ♔e2–+]

4.♗g5? [As brancas deixaram escapar o empate com 4.♔f2 ♖f3+ 5.♔e2=]

4...♔f5? [As pretas deixaram escapar a vitória com 4...♖f3! 5.♗h6 ♖f7 6.♔g3 ♔d3 7.♗g5 ♔e2–+]

5.♔f2 ♔g4 6.♔e2 ♖f3 7.♗h6 ♔g3 8.♗g5 ♖f8 9.♔e3 ♖e8+ 10.♔d3 ♔f3 11.♔d4 ♖e6

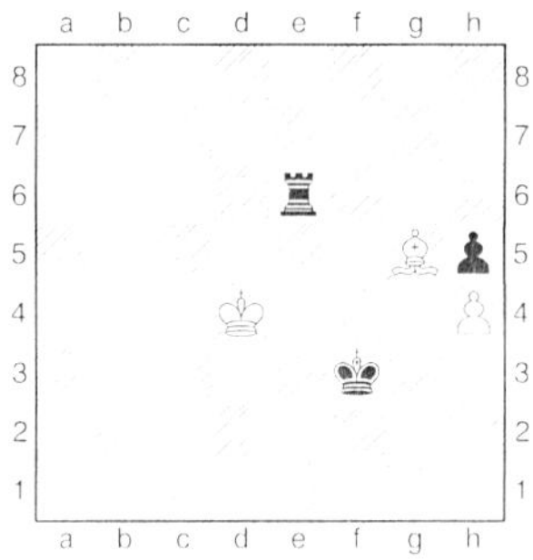

12.♔d5? [As brancas conseguiriam evitar a posição de zugzwang após 12.♔d3 ♖d6+ 13.♔c3 ♔e4 14.♔c2! *(14.♗e7? ♖d3+ 15.♔c2 ♔e3 16.♗g5+ ♔e2–+; 14.♔c4? ♖c6+ 15.♔b5 ♖c2 16.♔b4 ♔f5 17.♔b3 ♖c6 18.♔b4 ♔g4 19.♔b5 ♖c3 20.♔b4 ♖h3 21.♔c4 ♖xh4–+)* 14...♖d3 15.♗h6 ♔d4 16.♗g7+ ♔c4 17.♗f6=]

12...♖e4! [O rei está cortado e as brancas estão em zugzwang. Agora as pretas conseguem manobrar o rei para ficar em oposição, afastar o rei adversário com xeque de torre e, assim, ganhar o final.]

13.♗f6 ♔f4! 14.♗d8 [14.♗g5+ ♔f5 15.♗d8 ♖g4 16.♗e7 ♖g7 17.♗f8 ♖d7+ 18.♔c6 ♖d1 19.♔c5 ♔g4 20.♗e7 ♖h1 21.♔d4 ♖xh4 22.♗xh4 ♔xh4 23.♔e3 ♔g3 24.♔e2 ♔g2–+]

14...♔f5 15.♗g5 ♖g4 16.♗e7 ♖g7 17.♗f8 ♖d7+ 18.♔c6 [18.♔c4 ♔g4–+]

18...♖d4 [18...♖d1 19.♔c5 ♔g4 20.♗e7 ♖h1 21.♔d4 ♖xh4 22.♗xh4 ♔xh4 23.♔e3 ♔g3 24.♔e2 ♔g2–+]

19.♗e7 ♔e6 20.♔c5 ♖d5+ 21.♔c4 ♖f5 22.♗d8 ♔d7 23.♗b6 [O peão está perdido, pois não pode ser defendido pelo bispo por causa do sacrifício após 23.♗g5 ♖xg5!–+ já que o rei branco está fora do quadrado do peão preto.]

23...♖f4+ 24.♔d3 ♖xh4

0–1

Averbach - Posição de Análise

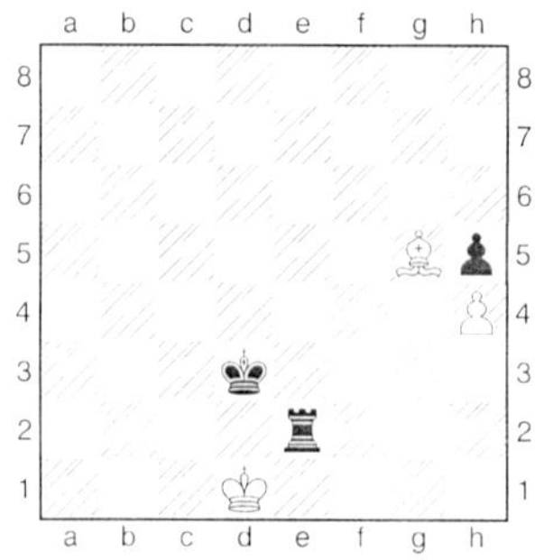

Uma interessante posição de empate, onde as pretas não conseguem levar o rei branco para uma posição de zugzwang.

1...♖g2 [1...♖e8 2.♗h6! *(2.♗f6? ♖f8!–+)* 2...♖e4 *(2...♖e6 3.♗g5 ♖e2 4.♗d8!=)* 3.♗g5 ♖g4 *(3...♖e8 4.♗h6!=; 3...♖e2 4.♗d8!=)* 4.♔e1!=; 1...♖e6 2.♗d8! ♖e8 *(2...♖e2 3.♗g5!=; 2...♖e4 3.♗g5!=)* 3.♗g5!=]

2.♔e1! [Seria um erro jogar 2.♔c1? ♖g1+ 3.♔b2 ♖e1 pois as pretas conseguiriam agora manobrar a torre até a coluna c para cortar o rei branco na coluna b após 4.♗d8 *(4.♗f6 ♖e6 5.♗g5 ♖c6–+)* 4...♖e8 5.♗g5 ♖c8–+ a fim de obter uma posição de zugzwang.]

2...♖e2+ 3.♔f1 [As brancas poderiam repetir a posição inicial com 3.♔d1]

3...♖e8 4.♔f2 ♖f8+ 5.♔e1!= [As brancas não podem entregar o controle da casa e2 para o rei preto, por exemplo: 5.♔g2? ♔e2–+ e as pretas conseguiriam levar o rei branco para uma posição de zugzwang.]

J. Enevoldsen
1949

1...♖f2+ 2.♔e1 [2.♔g1 ♖f7 3.♗e6 ♖e7–+]

2...♔g2 3.♗d7 ♖f7 [A torre preta manobra para dar xeque e afastar o rei branco.]

4.♗g4 ♖e7+ 5.♔d2 ♔f2 [O rei preto manobra para conseguir a oposição ao rei branco.]

6.♔d3 ♖e5 7.♗c8 ♖e3+ 8.♔d4 ♔f3 9.♗d7 ♔f4 [O rei preto consegue a oposição ao rei branco.]

10.♗g4 ♖g3 11.♗d7 ♖g7 [A torre preta manobra para dar xeque e afastar o rei branco.]

12.♗e6 ♖g6 13.♗c8 ♖d6+ 14.♔c5 ♔e5 [O rei preto consegue manter a oposição ao rei branco.]

15.♗g4 ♖d4 16.♗h5 ♖d3 [A torre preta manobra para dar xeque e afastar o rei branco.]

17.♗g4 ♖c3+ 18.♔b4 ♖c1 [O plano ganhador é manter o rei branco cortado para ganhar tempo a fim de coordenar as peças para capturar o peão branco em h3.]

19.♔b3 ♔f4 20.♔b2 ♖h1 21.♔c2 ♔g3 22.♔d2 ♖xh3–+

J. Enevoldsen
1949

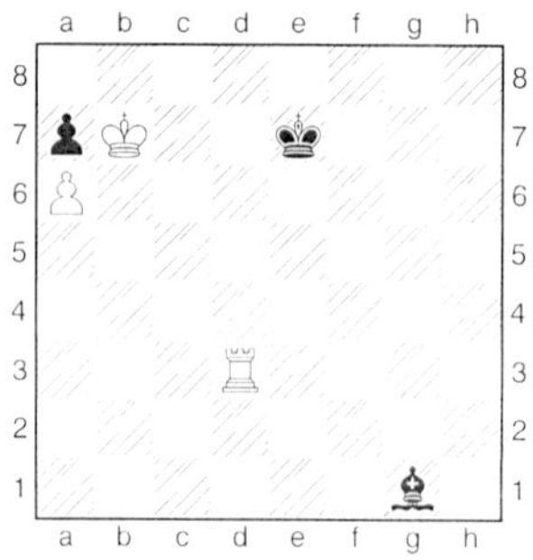

O plano das brancas é coordenar as peças de maneira a levar o rei preto para o canto do tabuleiro.

1.♔c6 ♗b6 2.♖d7+ ♔e8 [Se 2...♔e6 as brancas manobrariam a torre para afastar o rei preto uma coluna e depois capturar o peão preto em a7 após 3.♖b7 ♗d4 *(3...♗e3 4.♖b2 ♗g1 5.♖e2+ ♔f7 6.♔b7 ♔f8 7.♔a8 ♔f7 8.♖g2 ♗d4 9.♖d2 ♗e3 10.♖d7+ ♔e8 11.♖xa7+–)* 4.♖b4 ♗g1 5.♖e4+ ♔f6 6.♔b7 ♔f7 7.♔a8 ♔f8 8.♖e1 ♗c5 9.♖c1 ♗b6 10.♖b1 ♗e3 *(10...♗d4 11.♖b7 ♔e8 12.♖xa7+–)* 11.♔b8 ♔f7 12.♖b7+ ♔e6 13.♖xa7+–]

3.♔d6 ♗c5+ 4.♔e6 ♔f8 5.♖f7+ ♔g8 [5...♔e8 6.♖c7+–]

6.♔f6 ♗d4+ 7.♔g6 ♗g1 8.♖f1+– [Δ ♖b1]

Timman - Velimirovic

Rio de Janeiro (interzonal) 1979

O peão branco de torre está na segunda casa e o final está teoricamente empatado, mas as pretas não podem permitir que o rei preto seja afastado até a coluna h, pois as brancas conseguiriam uma posição ganhadora de zugzwang ou o tempo suficiente para coordenar a captura do peão preto em a3.

1...♗f6!= [As pretas controlam a grande diagonal e podem defender o peão com o bispo em b2.]

2.♖c6+ ♔e7 3.♔e4 ♗b2 4.♔d5 ♔f7 5.♖e6 ♔g7? [O rei preto não deve afastar-se voluntariamente, pois pode ser encurralado pela coordenação das peças brancas. O plano defensivo é fazer lance de espera com o bispo, por exemplo: 5...♗a1 6.♖e3 ♗b2 7.♔d6 ♔f6 8.♖f3+ ♔g5 9.♔d5 ♔g4 10.♔e4 ♔g5= e as brancas não conseguem a oposição de reis para afastar o rei preto com xeque de torre, pois o bispo preto controla a grande diagonal.]

6.♔e4!+– ♔f7 [A manobra do rei branco é ganhadora, pois agora o rei preto pode ser encurralado na primeira fila.]

7.♔f5! ♔f8 [Se 7...♗c1 as brancas manobrariam a torre para forçar o rei preto a retroceder para a primeira fila após 8.♖c6 ♗b2 9.♖c7+ ♔e8 *(9...♔f8 10.♔e6+–)* 10.♔e6+–]

8.♔g6 ♗c3 9.♖a6 ♗b2

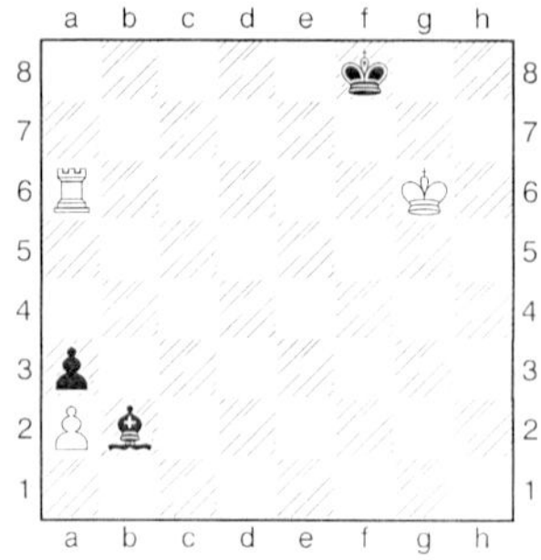

O plano das brancas é deixar o rei preto cortado horizontalmente na primeira fila para depois cortá-lo verticalmente na coluna g.

10.♖a7 ♔e8 11.♔f5 ♔f8 [Tampouco ajudaria levar o rei para a ala da dama após 11...♔d8 12.♔e6 ♔c8 13.♔d6 ♔b8 14.♖d7 ♔c8 15.♔c6 ♗c1 16.♖d3 ♗b2 17.♔b6+– pois as pretas ficariam em zugzwang.]

12.♔e6 ♔g8 [12...♗c1 13.♖f7+ ♔g8 *(13...♔e8 14.♖c7+–)* 14.♔f6 ♗b2+ 15.♔g6+– e as pretas estão em zugzwang.]

13.♖f7

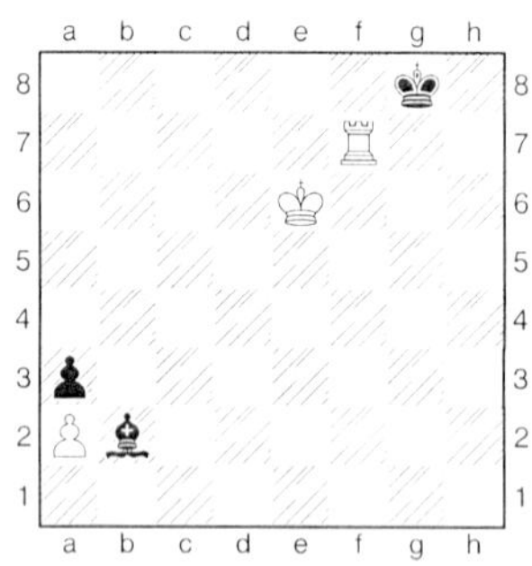

13...♗c3 [Após 13...♗d4 as brancas conseguiriam afastar o rei preto até a coluna h. Isso permite criar posições de zugzwang com múltiplas ameaças ou o retorno do rei branco e a coordenação com a torre do ataque e a captura do peão preto em a3. 14.♔e7 ♗b2 *(14...♗c5+ 15.♔f6 ♗d4+ 16.♔g6+–)* 15.♖f2 ♔g7 16.♖g2+ ♔h6 17.♔e6 ♔h5 18.♔d5 ♔h4 19.♔c4 ♗e5 *(19...♔h3 20.♖g6 ♔h4 21.♔b3 ♔h3 22.♖g8 ♗c1 23.♖c8 ♗b2 24.♖c4 ♔g3 25.♖a4+–)* 20.♔b3 ♗d6 *(20...♗b2 21.♖xb2 axb2 22.♔xb2 ♔g4 23.a4+–)* 21.♖g6 ♗c5 *(21...♗f8*

22.♔c4 ♔h5 23.♖g8 ♗e7 24.♖e8 ♗d6 25.♖a8 ♔g6 26.♔d5 ♗e7 27.♔e6 ♗c5 28.♖a4 ♗f8 29.♖g4+ ♔h5 30.♔f5 ♗c5 31.♖a4 ♔h6 32.♔f6+– e as pretas estão em zugzwang.; *21...♗e7 22.♔c4 ♗g5 23.♔d5 ♗c1 24.♔e5 ♔h5 25.♔f6 ♗b2+ 26.♔f5 ♔h4 27.♖g1 ♗c3 28.♖g4+ ♔h3 29.♔f4 ♗e5+ 30.♔f3 ♔h2 31.♖g2+ ♔h1 32.♔f2 ♗d4+ 33.♔f1 ♗b2 34.♖e2 ♗c1 35.♔f2+–* e as pretas estão em zugzwang*)* 22.♖a6 ♔g4 23.♖a4+ ♔f3 24.♖xa3 ♗xa3 25.♔xa3 ♔e4 26.♔b4 ♔d5 27.♔b5 ♔d6 28.♔b6 ♔d7 29.♔b7+– Δ a4–a5–a6]

14.♖f3 ♗b2 [14...♗b4 15.♖b3 ♗c5 16.♔f6 ♔h7 *(16...♗d4+ 17.♔g6+–)* 17.♖g3 ♗b4 *(17...♗d4+ 18.♔f7+–)* 18.♖g6 ♗e7+ 19.♔f7 ♗d8 20.♖d6 ♗h4 *(20...♗c7 21.♖d7 ♗f4 22.♖d4+–)* 21.♖d4 ♗f2 22.♖f4 ♗g3 *(22...♗e1 23.♖f1+–)* 23.♖f3+–]

15.♔e7 ♔h7 [15...♗c1 16.♖c3 ♗b2 17.♖g3+ ♔h7 18.♔d6 ♔h6 19.♔c5 ♔h5 20.♔b4 ♔h4 21.♖xa3+–]

16.♖g3 ♔h6 17.♔d6 ♔h5 18.♔c5 ♔h4

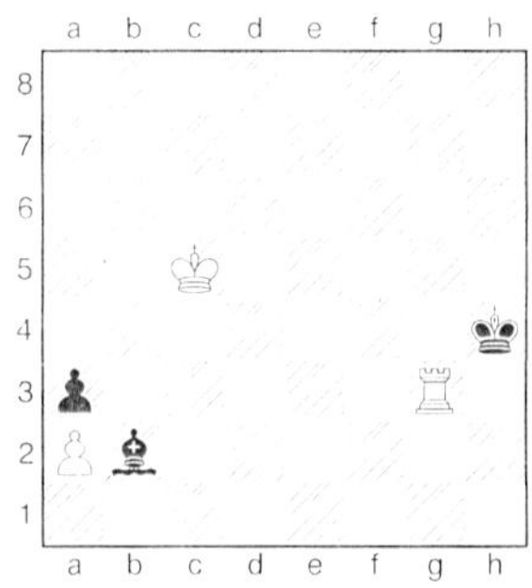

As brancas precisam manter o rei preto cortado na coluna h.

19.♖g8 ♗e5 [Se as pretas optassem por fazer lances de tempo com o rei com 19...♔h3 as brancas ganhariam com uma manobra de torre para capturar o peão preto em a3 após 20.♔b4 ♔h4 21.♔b3 ♔h3 *(21...♔h5 22.♖g2 ♗c1 23.♖c2 ♗b2 24.♖xb2 axb2 25.♔xb2 ♔g6 26.a4+–* e o rei preto está fora do quadrado do peão branco.*)* 22.♖g6 ♗c1 23.♖c6 ♗b2 24.♖c4 ♔g3 25.♖a4 ♔f3 26.♖xa3 ♗xa3 27.♔xa3 ♔e4 28.♔b4 ♔d5 29.♔b5 ♔d6 30.♔b6 ♔d7 31.♔b7+–]

20.♔d5 ♗b2 21.♔c4 ♗f6 [Se 21...♗e5 as brancas precisam coordenar as peças de maneira a controlar a grande diagonal e impedir a defesa do peão preto em a3 após 22.♔b3 ♗d6 *(22...♗b2 23.♖g2 ♗c1 24.♖c2 ♗b2 25.♖xb2 axb2 26.♔xb2 ♔g4 27.a4+–)* 23.♖g6 ♗f8 24.♔c4 ♔h5 25.♖g8 ♗e7 26.♖g2

♗d6 *(26...♔h6 27.♔d5 ♗f6 28.♖g3 ♗b2 29.♔c4 ♔h5 30.♔b4 ♔h4 31.♖xa3 ♗xa3+ 32.♔xa3 ♔g4 33.♔b4 ♔f5 34.♔b5 ♔e6 35.♔b6 ♔d7 36.♔b7+–)* 27.♔d5 ♗b4 28.♖g3 ♔h4 29.♖b3 ♗f8 30.♖f3 ♗e7 31.♔e6 ♗c5 *(31...♔g4 32.♖c3 ♗f8 33.♖c8 ♗h6 34.♖c4+ ♔h5 35.♔f5+–)* 32.♖d3 ♗f8 *(32...♔g4 33.♖c3 ♗f8 34.♖c8 ♗h6 35.♖c4+ ♔g5 36.♔f7 ♔f5 37.♖c3+–)* 33.♔f6 ♗c5 34.♔f7 ♔g4 35.♖c3 ♗d6 36.♔e6 ♗f8 37.♖c8 ♗h6 38.♖c4+ ♔g5 *(38...♔h5 39.♔f5+–)* 39.♔f7+–]

22.♖g6 ♗g5 23.♔d5 ♗c1 [23...♔h5 24.♖c6 ♗d2 25.♔e6 ♔g5 26.♖c4 ♔h6 27.♖c2 ♗e1 28.♖h2+ ♔g5 29.♖h3 ♗b4 30.♖f3 ♔h5 31.♔f5 ♔h6 32.♖g3 ♗c5 33.♖g4 ♔h5 34.♖c4 ♗d6 35.♖c8 ♔h4 36.♔e6+–]

24.♔e4 ♗b2 25.♔f5 ♔h5 26.♖d6 ♔h4 27.♖d3 ♗c1 28.♖c3 ♗b2 29.♖e3 ♗c1

As brancas conseguem a vitória com uma interessante manobra de torre na primeira fila.

30.♖e1! ♗d2 [30...♗b2 31.♖g1 ♔h3 32.♔f4 ♔h2 33.♖g4 ♔h3 34.♔f3 ♔h2 35.♔f2 ♗f6 *(35...♔h3 36.♖a4+–)* 36.♖e4 ♗d8 *(36...♔h1 37.♔g3 ♗c3 38.♖a4 ♗b2 39.♔f2+–)* 37.♖e6 ♗h4+ 38.♔f3 ♗g5 39.♔g4 ♗d8 *(39...♗c1 40.♖e2+ ♔g1 41.♖e1++–)* 40.♖e3+–]

31.♖h1+! ♔g3 32.♖d1! ♗b4 33.♖d3+ ♔f2 [As brancas conseguem agora manobrar o rei para a ala da dama e, ao mesmo tempo, manter o rei preto cortado nas colunas centrais.]

34.♔e4 ♔e2 [34...♗c5 35.♔d5 ♔e2 *(35...♗e7 36.♔c4 ♔e2 37.♖h3 ♔d2 38.♔b3 ♗c5 39.♖h5 ♗f8 40.♖h8 ♗c5 41.♖c8 ♗e7 42.♖e8 ♗c5 43.♔c4+–)* 36.♔c4 ♗f8 37.♖c3 ♗e7 38.♔b3 ♗f6 39.♖h3 ♗e7 40.♖h7 ♗c5 41.♖h5 ♗d6 42.♖a5+–]

35.♔d4 ♗c5+ 36.♔c4 ♗e7 [36...♗f8 37.♖d7 ♗h6 38.♔b3 ♗c1 39.♔c2 ♗b2 40.♖d3+– Δ ♖b3]

37.♖h3 ♗d6 [37...♔d2 38.♔b3 ♗f8 39.♖h8 ♗c5 *(39...♗e7 40.♖e8 ♗c5 41.♔c4+–)* 40.♖c8 ♗e7 41.♖e8 ♗c5 42.♔c4+–]

38.♔b3 ♗f8 [38...♗e7 39.♖h7 ♗f8 40.♖f7 ♗c5 41.♖f5 ♗d6 42.♖a5+–]

39.♖h8 ♗d6 [39...♗c5 40.♖h5 ♗f8 *(40...♗d6 41.♖a5+–)* 41.♖d5 ♔e3 42.♖d8 ♗c5 43.♔c4+–]

40.♖a8

1–0

CAPÍTULO 4
Torre contra cavalo (sem peões)

Horwitz & Kling
1851

O final de torre contra cavalo está normalmente empatado. Para defender a posição deve-se manter o cavalo próximo ao rei e evitar os cantos do tabuleiro. Para ganhar a posição deve-se levar o rei para um canto do tabuleiro a fim de separá-lo do cavalo. A presente posição é muito importante por mostrar as possibilidades defensivas mesmo com o rei no canto do tabuleiro, pois há manobras defensivas de cavalo para manter o empate.

1.♔f6 ♘h7+! [1...♔h8? 2.♖e8 ♔g8 3.♖d8+–]

2.♔g6 ♘f8+! 3.♔h6 ♔h8! 4.♖f7 [4.♖e8 ♔g8=]

4...♔g8! [4...♘e6? 5.♖f6+–]

5.♖g7+ ♔h8 6.♖g1 ♘d7! [Momento crucial, pois as outras alternativas perdem: 6...♘h7? 7.♔g6 ♔g8 8.♖g2 ♘f8+ 9.♔f6+ ♔h7 10.♖d2+–; 6...♘e6? 7.♔g6! ♘f8+ *(7...♔g8 8.♔f6++–)* 8.♔f7+–]

7.♖d1 [7.♔g6 ♔g8! *(7...♘f8+? 8.♔f7+–)* 8.♖d1 ♘f8+!=]

7...♘f8!=

Neumann - Steinitz

Baden-Baden 1870

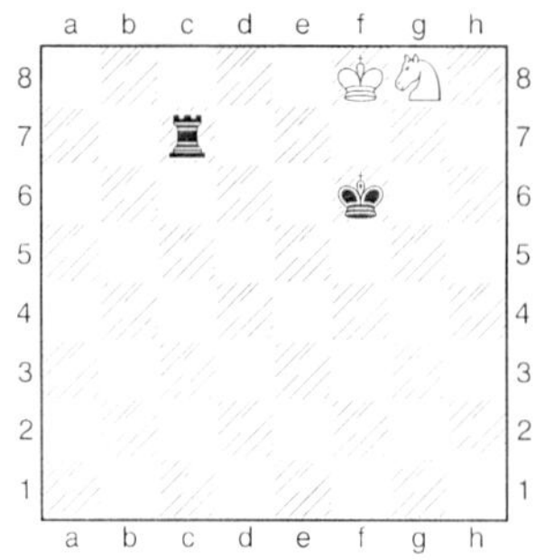

Interessante final que mostra a importância de manter o cavalo próximo ao rei.

1...♔e6 2.♘h6! ♖h7 3.♘g4? [Um erro decisivo pois o cavalo se afasta do rei. As brancas poderiam empatar com 3.♘g8! ♖f7+ 4.♔e8 ♖a7 5.♔f8! ♖h7 6.♔e8!=]

3...♖h4 [As pretas ganhariam imediatamente com 3...♖h3–+ pois as brancas estariam em zugzwang.]

4.♘e3 ♖e4 5.♘d1 ♖f4+ 6.♔g7 ♖f3 7.♔g6 ♔e5 8.♔g5 ♔d4 9.♔g4 ♖f1 10.♘b2 ♖b1 11.♘a4 ♖b4

0–1

A. Mandler
1924

O posicionamento defensivo com o cavalo na segunda casa do cavalo (b2, g2, b7, g7) não é suficiente para empatar, pois o rei adversário pode penetrar para conseguir uma posição ganhadora.

1.♖g6+! ♔a7 2.♔c6 ♘d8+ [2...♘a5+ 3.♔b5 ♘b7 4.♖g5 ♘d6+ *(4...♘d8 5.♖d5 ♘e6 6.♔c6 ♔b8 7.♖e5 ♘f4 8.♖e4 ♘d3 9.♔b6 ♔c8 10.♖c4++–)* 5.♔c6! ♘c4 6.♖c5 ♘e3 7.♖a5+ ♔b8 8.♖a4 ♘f5 9.♖e4 ♔a7 10.♔c7 ♔a6 11.♖e6++–]

3.♔d6 ♘b7+ [3...♔b7 4.♔d7! ♘f7 5.♖g7+–]

4.♔d5 ♘a5 [4...♘d8 5.♖g8 ♘b7 6.♔c6 ♘a5+ 7.♔b5 ♘b7 8.♖g5+– conforme já analisado.]

5.♔c5! ♘b7+ 6.♔b5 ♔b8 [6...♘d8 7.♖d6 ♘b7 8.♖d7+–]

7.♔c6! ♘d8+ [7...♘a5+ 8.♔b6 ♘c4+ 9.♔b5 ♘e5 10.♖e6 ♘f3 *(10...♘d7 11.♔c6!+–)* 11.♖e3 ♘g5 12.♔c6+–]

8.♔d7 ♘b7 9.♖g5 ♔a7 10.♔c8+–

Manuscrito Árabe

1140

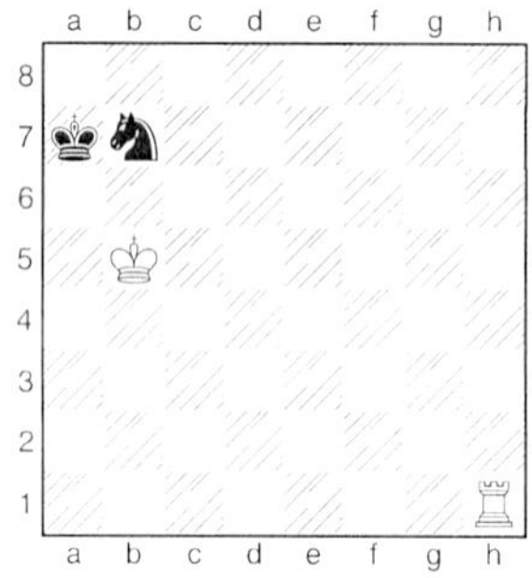

Outro exemplo que mostra que o posicionamento defensivo com o cavalo na segunda casa do cavalo (b2, g2, b7, g7) não é suficiente para empatar, pois o cavalo é obrigado a separar-se do rei.

1.♖d1 ♔b8 2.♔a6 [2.♔b6? ♔c8! 3.♖c1+ ♔b8! 4.♖h1 ♔c8 5.♖h8+ *(5.♔c6 ♘d8+=)* 5...♘d8=]

2...♘c5+ [2...♔c7 3.♖c1+! ♔b8 4.♖b1 ♔a8 5.♔b6 *(5.♖xb7?=)* 5...♔b8 6.♔c6 ♔a8 7.♔c7 *(7.♖xb7?=)* 7...♘a5 8.♖a1+–]

3.♔b6 ♘a4+ 4.♔c6 ♘c3 5.♖e1 ♔a7 6.♖e3 ♘d1 7.♖d3 ♘f2 8.♖d7+ ♔b8 9.♖b7+ ♔c8 [9...♔a8 10.♔b6 ♘e4 11.♖h7+–]

10.♖f7+–

Posição de Análise - Averbach

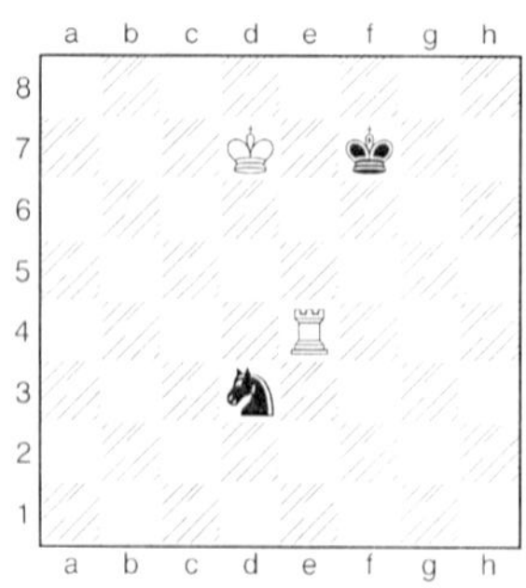

As brancas ganham a posição, pois a torre branca corta as casas do cavalo preto que não consegue escapar ao cerco do rei branco.

1.♖e3! ♘c5+ [1...♘b2 2.♖b3 ♘d1 3.♖d3 ♘b2 4.♖d4+–; 1...♘b4 2.♔d6 ♘c2 *(2...♔f6 3.♖c3+–)* 3.♖e4 ♘a3 4.♔c5 ♘b1 5.♔b4 ♘d2 6.♖e2+–]

2.♔d6! [2.♔c6? ♘e6!=]

2...♘b7+ 3.♔c6 ♘a5+ [3...♘d8+ 4.♔d7! ♘b7 5.♖e5+–]

4.♔d7 ♘c4 5.♖f3+! [5.♖e4? ♘b6+! 6.♔c6 *(6.♔d6 ♘c8+!=)* 6...♘c8!=]

5...♔g6 6.♔e6 ♘d2 [6...♔g5 7.♖d3 ♘b6 8.♖d4 ♔g6 9.♖b4 ♘c8 10.♔d7 ♘a7 11.♖b7+–]

7.♖f4 ♔g5 8.♔e5! [8.♖f5+? ♔g4!=]

8...♘b3 9.♖f2 ♔g4 [9...♘c5 10.♖d2+–; 9...♘c1 10.♖d2+–]

10.♖c2 ♔g5 11.♖b2 ♘c5 12.♖b5+–

F. Amelung
1900

Outro exemplo em que as brancas ganham a posição, pois a torre branca corta as casas do cavalo preto que não consegue escapar ao cerco do rei branco.

1.♔g5! ♘f3+ 2.♔g4 ♘e5+ 3.♔f5! ♘c4 [3...♘f7 4.♖d7! ♔g8 5.♔f6+–; 3...♘f3 4.♖d3 ♘h4+ 5.♔g5+–]

4.♖d4 ♘a5 [4...♘e3+ 5.♔f4 ♘c2 6.♖c4 ♘a3 7.♖c5 ♔f6 8.♔e4 ♔e6 9.♔d3 ♔d6 10.♖a5+–]

5.♔e6 ♘b3 [5...♘c6 6.♖c4 ♘a5 *(6...♘d8+ 7.♔e7! ♘b7 8.♖g4++–)* 7.♖c7+ ♔g6 8.♖c5+–]

6.♖g4+ ♔h6 7.♔d5 ♘d2 8.♖f4 ♔g5 9.♖f2 ♘b3 10.♖b2 ♘c1 [10...♘a5 11.♖b5+–]

11.♔c4+–

Zahrab

Século 9

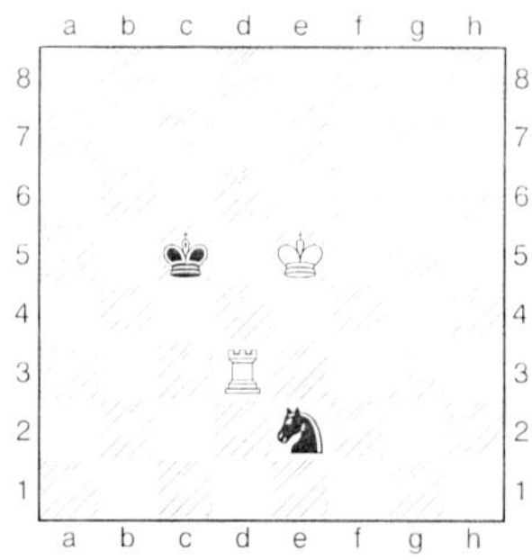

Mais um exemplo em que as brancas ganham o final, pois a torre branca corta as casas do cavalo preto que não consegue escapar ao cerco do rei branco.

1.♖e3! ♘g1 2.♔f5 [2.♔f4? ♔d4! 3.♖e1 ♘h3+! 4.♔g3 ♘g5! 5.♔f4 ♘h3+=]

2...♔d4 3.♔f4! ♔c4 4.♔g3 ♔d4 5.♖e1+–

Posição de Análise - Averbach

Movendo-se as peças, uma coluna para a esquerda, a posição continua ganhadora para as brancas.

1.♖d3! ♘f1 2.♔e5 [2.♔e4? ♔c4! 3.♖d1 ♘g3+!=]

2...♔c4 3.♔e4! ♘h2 4.♖d1 ♘g4 5.♖f1 [5.♖g1? ♘f6+= *(5...♘f2+=)*]

5...♘h6 6.♖f4 ♘g8 7.♖f7 ♘h6 [7...♔c5 8.♔e5!+–]

8.♖g7+–

CAPÍTULO 5
Torre contra cavalo (com peões livres)

Posição de Análise - Averbach

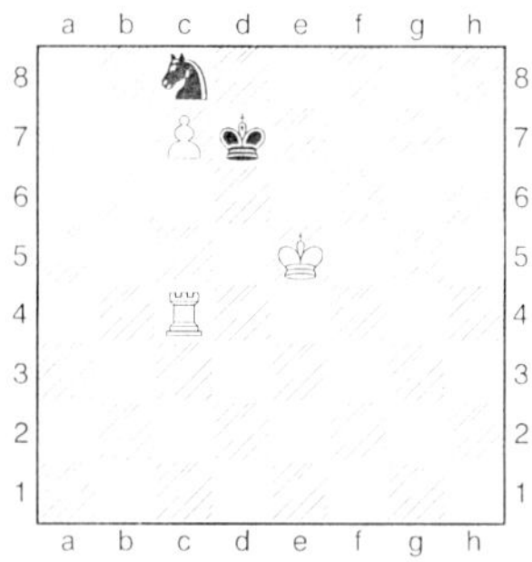

Mesmo com um peão de vantagem, nem sempre a torre consegue ganhar contra o cavalo. A torre branca defende o peão, mas o rei branco não consegue apoiar a coroação por causa da coordenação das peças pretas em torno do peão branco.

1.♖c5 ♘c7 2.♔d4 ♘c8 3.♔d5 [3.♔c4 ♘a7! 4.♔b4 ♔c8! 5.♔a5 ♔b7!=]

3...♘e7+ 4.♔c4 ♔c8! [Quando o rei branco ameaça cruzar para o outro lado do peão, o preto deve acompanhar e bloquear o peão passado. Seria um erro 4...♘c8? pois as brancas poderiam manobrar o rei após 5.♔b5 ♔d6 6.♖c1 ♔d7 7.♔a6 ♘d6 8.♔b6 ♘c8+ 9.♔b7 ♘d6+ 10.♔b8+–]

5.♔b5 [5.♖e5 ♘c6! *(5...♘g6? 6.♖e6!+–)* 6.♖c5 *(6.♖e6 ♔xc7=)* 6...♘e7=]

5...♔b7! 6.♖e5 ♘c8!= [e as brancas não conseguem progredir na posição.]

F. Amelung

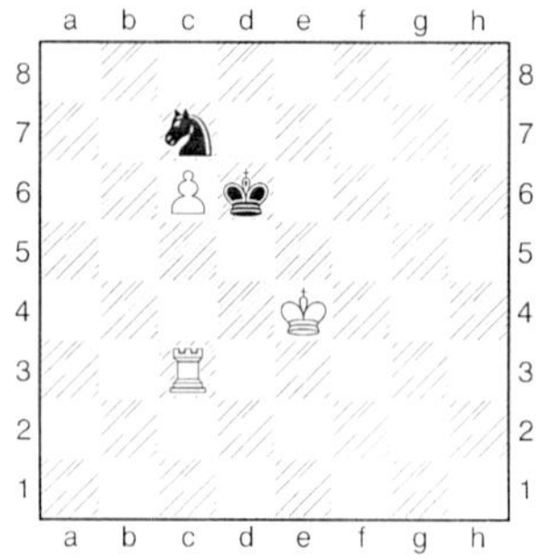

Mesmo descendo todas as peças, em uma casa, a posição continua empatada.

1.♖c4 ♘e6 2.♔f5 ♘c7 3.♔f6 ♘b5 [3...♘d5+ 4.♔f7 ♘c7 5.♖c1 ♘b5 6.♔e8 ♔c7! 7.♔e7 ♘d4!=]

4.♔f7 ♘a7 [4...♘c7 5.♔f8 ♘e6+ 6.♔e8 ♔c7!=]

5.c7 ♔d7 6.♔f6 ♘c8! 7.♔e5 ♘e7 8.♖c5 ♘c8 9.♔d5 ♘e7+ 10.♔c4 ♔c8!= [conforme já analisado no diagrama anterior.]

W. Lewis

1835

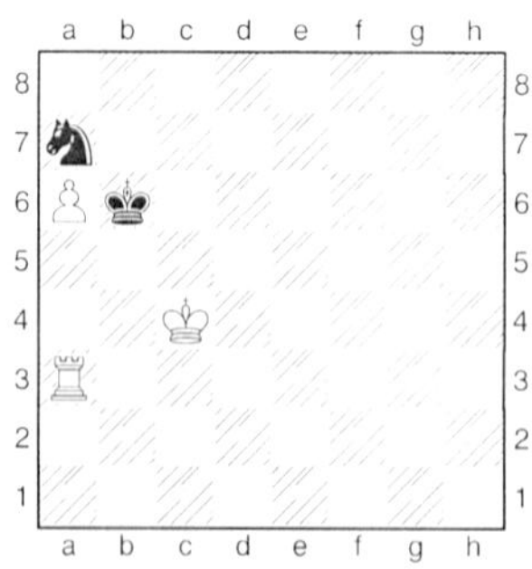

O deslocamento de todas as peças, duas colunas para a esquerda, transforma a posição em ganhadora por causa da dificuldade de manobra de cavalo contra o peão de torre.

1.♖a4 ♘c6 2.♔d5 ♘a7 [2...♘e7+ 3.♔d6 ♘c6 *(3...♘c8+ 4.♔d7 ♘a7 5.♖a1 ♘b5 6.♔c8* com a mesma posição da variante principal.*)* 4.♖a1 ♘a7 5.♔d7 ♘b5 6.♔c8 com a mesma posição da variante principal.]

3.♔d6 ♘b5+ 4.♔d7 ♘a7 5.♖a1 ♘b5 6.♔c8 ♔a7 [6...♘a7+ 7.♔b8 ♘c6+ 8.♔a8 ♘a7 9.♖b1+ ♘b5 10.a7+–]

7.♖a5 [Falta uma casa fora do tabuleiro para o cavalo atacar e capturar o peão.]

7...♘d6+ 8.♔c7 ♘c4 9.♖a2 ♘b6 10.♔c6 ♘c4 11.♔c5 ♘b6 12.♔b5+– [o rei branco defende o peão e permite que a torre se desloque para a sétima fila para atacar o rei adversário.]

Em. Lasker - Ed. Lasker

Nova Iorque 1924

Um final muito conhecido que mostra como a coordenação das peças brancas, em torno do peão preto, impede a aproximação do rei preto para apoiar o avanço do peão.

1...♔e4 2.♘a4 ♔d4 3.♘b2! [3.♔a3? ♔c4! 4.♘b2+ ♔c3 5.♘a4+ ♔c2–+]

3...♖f3 4.♘a4! ♖e3 5.♘b2! ♔e4 6.♘a4 ♔f3 [Vale a mesma regra mesmo com o tabuleiro virado, isto é, se o rei preto cruzar a fila do peão para atacar pelo outro lado, o rei branco deve acompanhá-lo para impedir a aproximação.]

7.♔a3! [Seria um erro 7.♘b2? ♔e2! pois o rei preto conseguiria aproximar-se do peão. 8.♘c4 *(8.♔a3 ♔d2! 9.♘c4+ ♔c1!–+)* 8...♖g3 9.♔a3 ♖c3! 10.♘b2 ♔d2! 11.♘a4 ♔c2!–+]

7...♔e4 [Após 7...♔e2 as brancas se defenderiam com 8.♔b2 ♔d2 9.♘c5!=]

8.♔b4 ♔d4 9.♘b2! [9.♔a3? ♔c4! 10.♘b2+ ♔b5–+]

9...♖h3 10.♘a4! ♔d3 11.♔xb3! ♔d4+

½–½

Kasparian

1947

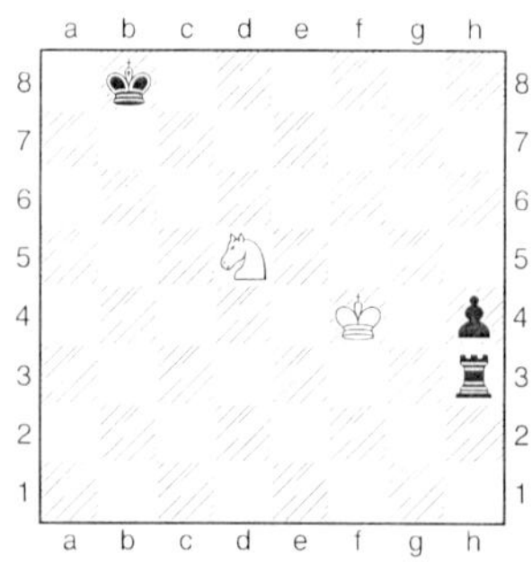

O rei preto está longe e não pode vir em auxílio à torre para a defesa do peão, mas, mesmo assim, é necessária uma coordenação de rei e cavalo para garantir o empate.

1.♘e3! [1.♔g4? ♖d3! 2.♘f4 ♖d4! 3.♔g5 ♔b7 4.♘h3 ♔c6–+]

1...♖h2 [Se 1...♔c7 as brancas conseguem manobrar o cavalo para atacar o peão após 2.♘f5! ♖h2 *(2...♖h1 3.♔g4! h3 4.♘g3 ♖h2 5.♘h5=)* 3.♔g4 h3 4.♔g3 ♖h1 5.♘h4 ♔d6 6.♘f3 ♔d5 7.♘h2=]

2.♔g4! h3 3.♔g3! ♖b2 4.♘g4! [4.♘f1? ♖b1! 5.♘h2 ♖b3+! 6.♔g4 ♔c7–+]

4...♖b3+ 5.♔h2! ♔c7 6.♘f2! [As brancas não devem manobrar o cavalo para capturar o peão, pois isso daria tempo para o rei preto aproximar-se após 6.♘e5? ♔d6! 7.♘f7+ ♔e6! 8.♘g5+ ♔f5! 9.♘xh3 ♔g4! 10.♘f2+ *(10.♘g1 ♖b2+! 11.♔h1 ♔g3–+)* 10...♔f3! 11.♘h3 *(11.♘h1 ♖b6–+)* 11...♖b2+ 12.♔g1 ♖b5–+]

6...♖b2 7.♔g1! [7.♔g3? h2!–+]

7...h2+ [As brancas recorrem ao afogamento do rei para garantir o empate.]

8.♔h1! ♖xf2= [As pretas poderiam jogar 8...♔d6 e as brancas deveriam jogar com precisão para empatar após 9.♘g4! ♔d5 10.♘xh2 ♔e4 11.♔g1! ♔e3 12.♘f1+ ♔f3 13.♘h2+ ♔g3 14.♘f1+=]

Bogoljubov - Rubinstein

San Remo 1930

As brancas estão com uma posição ganhadora, pois podem capturar o peão e manter o rei preto no canto do tabuleiro. Não há tempo para o cavalo alcançar uma posição de empate junto ao rei preto.

1.♖c5 ♘d2+ [1...♘d6 2.♖h5+ ♔g1 3.♔xe3 ♔g2 4.♖g5+ ♔h3 5.♔f4 ♘c4 6.♖g6 ♘d2 7.♖g3+ ♔h2 *(7...♔h4 8.♖g2+–)* 8.♖d3 ♘c4 *(8...♘f1 9.♔f3!+–)* 9.♔e4 ♔g1 10.♔d5 ♘b6+ 11.♔c5 ♘c8 *(11...♘a4+ 12.♔b5 ♘b2 13.♖d2+–)* 12.♖d7 ♔f1 13.♖c7+–]

2.♔xe3 ♘f1+ 3.♔f2 ♘g3 4.♖e5 [As brancas também ganhariam após 4.♔f3 ♘f1 5.♖h5+ ♔g1 6.♖g5+ ♔h2 7.♔f2+–]

4...♘h1+ 5.♔f3 ♘g3 6.♖g5 ♘f1 7.♔f2

1–0

C. Salvioli

1887

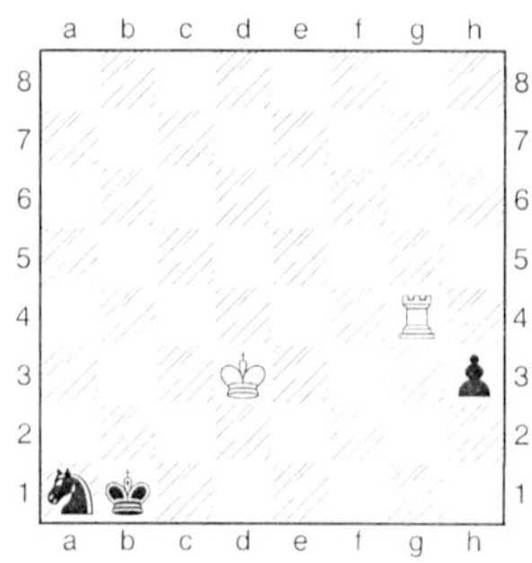

As brancas precisam aproveitar o mal posicionamento das peças adversárias para manter o rei preto no canto do tabuleiro antes de atacar e capturar o peão preto.

1.♔c3! h2 [1...♔a2 2.♖a4+ ♔b1 3.♖h4+–]

2.♖h4! [As brancas não devem dar xeque ao rei adversário, pois o cavalo provocaria uma interferência na ação das peças após 2.♖b4+? ♘b3 *(mas não 2...♔a2? por causa de 3.♖a4+ ♔b1 4.♖h4+–)* 3.♖xb3+ *(3.♖h4 ♘c1 4.♖xh2 ♘a2+ 5.♔b3 ♘c1+=)* 3...♔c1! 4.♖a3 ♔b1 5.♖b3+ ♔c1!=]

2...♘c2 3.♖xh2 ♘e3 [O cavalo preto está mal posicionado e não consegue chegar na posição teórica de empate na casa c1.]

4.♖h4 [A solução original do autor é com 4.♔d3 mas a variante indicada por Averbach é mais rápida para definir a posição ganhadora.]

4...♔a2 [4...♘d1+ 5.♔d2 ♘b2 *(5...♘f2 6.♔e2+–)* 6.♖b4 ♔a2 *(6...♔a1 7.♔c2+–)* 7.♔c2! ♔a1 8.♖b8+–; 4...♘d5+ 5.♔b3 ♔c1 6.♖c4+ ♔b1 *(6...♔d1 7.♖d4++–)* 7.♖d4+–]

5.♖a4+ ♔b1 6.♖e4 ♘f5 [6...♘d5+ 7.♔b3 ♔c1 8.♖c4+ ♔b1 *(8...♔d2 9.♖d4++–)* 9.♖d4+–]

7.♖e5 ♘d6 [7...♘g3 8.♔d3 ♔b2 9.♖g5 ♘f1 *(9...♘h1 10.♔c4+– Δ ♖g2+)* 10.♖g1+–]

8.♔b3 ♔c1 9.♖c5+ ♔b1 [9...♔d2 10.♖d5++–]

10.♖d5+–

F. Amelung

1897

O cavalo preto está muito longe do rei e a única maneira de empatar é manobrá-lo de forma a aproximá-lo do rei para obter o empate teórico.

1...a1♕+ [A coroação do peão como 1...a1♘? perderia por causa do xeque de torre e posterior ataque simultâneo aos dois cavalos pretos após 2.♖b2+! ♔c1 3.♖a2 ♔b1 *(3...♘c2 4.♖xc2+ ♔d1 5.♔d3 ♔e1 6.♔e3+–; 3...♘b3 4.♖xa8 ♘d2 5.♖a1+ ♘b1+ 6.♔b3+–)* 4.♖xa8 ♘c2 5.♖e8 ♘a3 6.♖e1+ ♔a2 7.♖e2+ ♔b1 8.♔b3+–; A coroação como 1...a1♖ 2.♔b3 ♔c1! levaria à mesma posição da variante principal.; A coroação como 1...a1♗+ 2.♔b3 ♔c1! levaria à mesma posição da variante principal.]

2.♔b3 ♔c1! 3.♖h1+ ♔d2 4.♖xa1 ♘c7! [As pretas perderiam após 4...♘b6? porque a torre branca conseguiria isolar o cavalo preto após 5.♖a6! ♘c8 *(5...♘d5 6.♖d6+–)* 6.♖e6+–]

5.♖a7 ♘b5! [As pretas perderiam após 5...♘e6? porque a torre branca conseguiria isolar o cavalo preto após 6.♖d7+! ♔c1 *(6...♔e3 7.♖e7+–)* 7.♔c3 ♘g5 *(7...♘c5 8.♖c7+–)* 8.♖e7 ♔d1 9.♖e3!+–]

6.♖b7 ♘d4+!= [e agora o cavalo se aproxima para coordenar a defesa com o rei.]

V. & M. Platov
1907

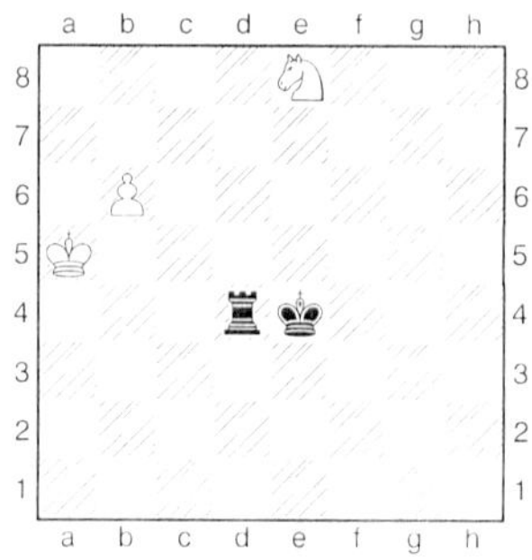

A possibilidade de vitória de cavalo e peão contra torre depende de ganho de tempo com xeque de cavalo, da posição adiantada do peão próximo à coroação e da coordenação de rei e cavalo para cobrir os xeques de torre, assim como impedir o ataque e a captura do peão.

1.b7! ♖d5+ [1...♖d8 2.♘d6+! ♔f3 *(2...♖xd6 3.b8♕+–)* 3.♘c8! ♖d1 4.♘d6 ♖a1+ *(4...♖b1 5.♘b5!+–; 4...♖d5+ 5.♔b6 ♖xd6+ 6.♔c7!+–)* 5.♔b6 ♖b1+ 6.♘b5!+–]

2.♔b6! [2.♔a4? ♖d8! 3.♘d6+ ♔f3 4.♘c8 ♖d1! 5.♘d6 *(5.♘b6 ♖d8=)* 5...♖a1+=]

2...♖d8 [2...♖d1 3.♘d6+! ♖xd6+ 4.♔c7!+–]

3.♘d6+! ♔f3 [3...♖xd6+ 4.♔c7!+–]

4.♘c8! ♖d1 5.♘d6 ♖xd6+ [5...♖b1+ 6.♘b5!+–]

6.♔c7!+–

Prokes
1941

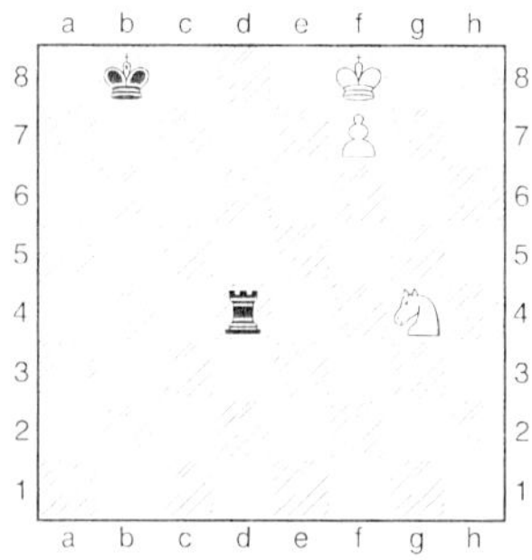

As brancas conseguem coordenar o rei e o cavalo de maneira a cobrir os xeques de torre e garantir a coroação do peão.

1.♔e7! [1.♘f6? ♖d8+ 2.♔e7 ♔c8!= *(2...♔c7? 3.♘e8+!+–; 2...♖h8? 3.♔e6+–)*]

1...♖e4+ 2.♘e5! ♖f4 [2...♖xe5+ 3.♔f6!+–]

3.♘d7+ ♔b7 4.♘f6!+–

Berger
1889

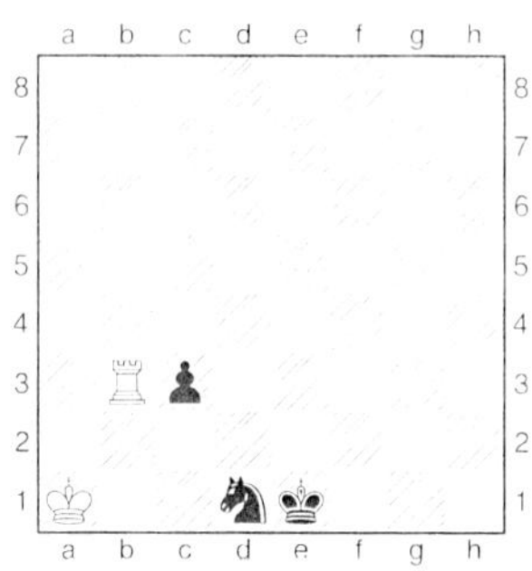

As pretas podem aproveitar o avanço do peão para criar uma posição de zugzwang após]

1...c2! 2.♖b1 ♔d2! [Zugzwang.]

3.♔a2 ♘c3+! 4.♔a3 ♘xb1+–+ [Δ c1=♕]

[A coroação de bispo também ganharia, mas alongaria de maneira desnecessária o final após 4...cxb1♗–+; Haveria empate por afogamento após 4...cxb1♕?=; 4...cxb1♖?=]

Vancura

1924

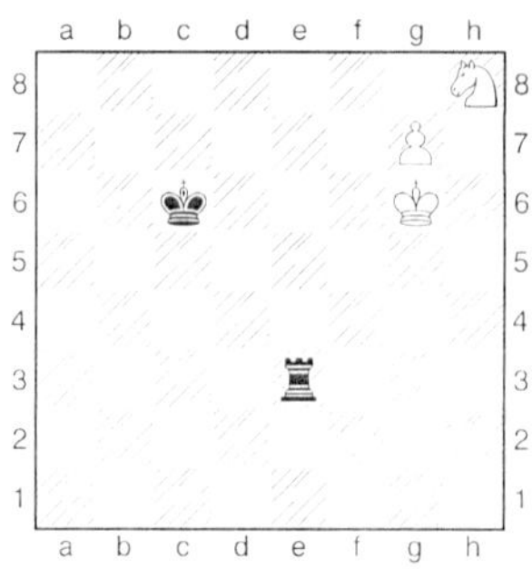

As brancas conseguem uma enorme coordenação de peças para ganhar este final, graças à manobra de cavalo para uma posição mais ativa a fim de proteger o rei dos xeques.

1.♔h5! [O rei branco não pode se aproximar do centro por causa de uma manobra tática das pretas que provoca o empate após 1.♔f5? ♖e8! 2.♘g6 ♔d6 *(2...♖g8? 3.♘e7+!+–)* 3.♘f8 ♔e7! 4.g8♕ ♖xf8+!=]

1...♖e8 [1...♖h3+ 2.♔g4! ♖h1 3.♘g6! ♖g1+ 4.♔f5 ♖f1+ 5.♔e6 ♖e1+ 6.♘e5++–]

2.♘g6! ♔d6 [2...♖a8 3.♔h6 ♔b5 4.♘f8! ♖a6+ 5.♔h5 ♖a1 6.♘e6 ♖h1+ *(6...♖a8 7.♘c7++–)* 7.♔g6! ♖g1+ 8.♘g5!+–]

3.♘f8! ♖e1 [Agora as brancas encontram um extraordinário lance que interfere na ação das duas peças pretas que não podem capturar o cavalo por causa da ameaça de coroação do peão.]

4.♘e6! ♖e5+ 5.♔g4 ♖e1 6.♔f5 ♖f1+ 7.♔g6 ♖g1+ [7...♔xe6 8.g8♕++–]

8.♘g5!+–

L. Porkes
1934

As possibilidades de empate com peões livres ocorrem se o peão estiver muito avançado e surgir lances táticos de xeque duplo (rei e torre).

1.♘d4! ♖d8 [1...♖f8+ 2.♔g2! ♖d8 3.♔h2! ♔g4 *(3...♖xd7 4.♘f3+! ♔g4 5.♘e5+!=)* 4.♘c6! ♖xd7 5.♘e5+!=]

2.♔g2! ♔g4 [2...♖xd7 3.♘f3+! ♔g4 4.♘e5+!=]

3.♘c6! ♖xd7 4.♘e5+!=

L. Prokes
1938

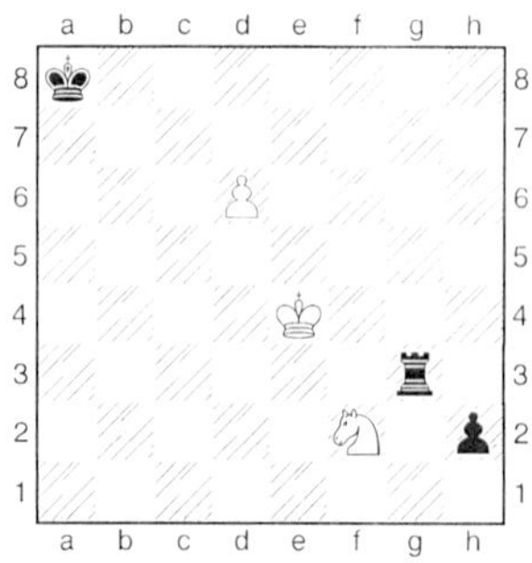

Outra possibilidade de empate ocorre com a passagem para o final de torre contra cavalo ou o tema do afogado no caso de peão de torre adversário na sétima fila.

1.d7! ♖g8 2.♔f3! ♔b7 3.d8♕ ♖xd8 4.♔g2! ♖d2 [4...♖h8 5.♔h1! ♔c6 6.♘g4! ♔d5 7.♘xh2 ♔e4 8.♔g2=]

5.♔h1! ♖xf2= [5...♔c6 6.♘g4 ♔d5 7.♘xh2 ♔e4 8.♔g1=]

Troitsky
1929

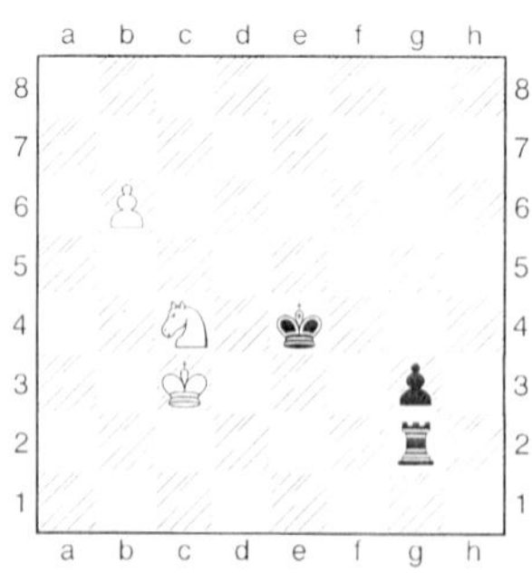

Um curioso estudo de final mostra a possibilidade de coroação de peça menor para ganhar a posição e evitar o afogamento do rei adversário.

1.b7! ♖c2+ 2.♔xc2 g2 3.♘d2+! ♔e3 4.b8♗!! [Seria um erro a coroação de dama após 4.b8♕? g1♕! 5.♕a7+ ♔e2! 6.♕xg1= por causa do empate por afogamento.]

4...g1♕ 5.♗a7+!+–

Von der Lasa

1843

O posicionamento da torre para defender a posição deve permitir xeques à distância e, ao mesmo tempo, controlar o peão que for avançado para a sétima fila

1.♔e1! [1.♖d7? ♔c5 2.♖d8 ♘c3+! 3.♔e1 ♔c4! 4.♖d7 *(4.♖c8+ ♔b3 5.♖b8+ ♔c2 6.♖d8 d2+–+)* 4...♘e4 5.♔d1 e2+ 6.♔e1 ♘g5! 7.♖c7+ ♔b4 8.♖b7+ ♔c5 9.♖e7 *(9.♔f2 ♘f3 10.♖e7 ♘d4 11.♔e1 ver 11.♔e1)* 9...♘f3+ 10.♔f2 ♘d4 11.♔e1 *(11.♖c7+ ♔b6 12.♖d7 d2–+)* 11...♔c4 12.♖c7+ ♔b3 13.♖b7+ ♔c2 14.♖c7+ ♔b2 15.♖b7+ *(15.♔d2 ♘f3+)* 15...♔c1 16.♔f2 d2–+]

1...d2+ 2.♔e2 ♔c4 3.♖c8+ ♔b3 [As brancas devem agora controlar o peão preto que foi avançado para a sétima fila.]

4.♖d8! [4.♖b8+? ♔c2! 5.♖c8+ ♘c3+!–+]

4...♘c3+ 5.♔xe3=

Berger
1921

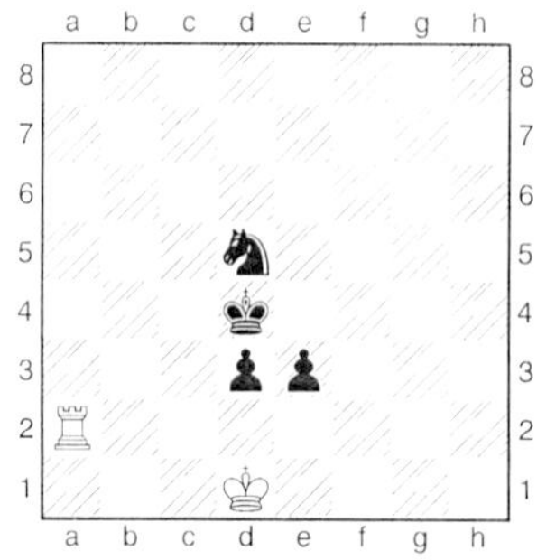

A defesa lateral de torre contra o avanço dos peões não é suficiente para empatar a posição.

1.♔c1 [1.♖a4+ ♔c5! 2.♖a5+ ♔c4 3.♖a4+ ♔b3 4.♖d4 ♘c3+! 5.♔e1 ♔c2!–+; 1.♖h2 ♘c3+ 2.♔e1 ♔c4 3.♖g2 ♔b3 4.♖h2 ♘e4 5.♖g2 d2+–+]

1...♘c3 2.♖b2 ♔c4 3.♖h2 ♘e4 4.♖h4 [4.♖b2 d2+ 5.♔c2 e2–+]

4...d2+ 5.♔c2 ♔d5 6.♖h5+ ♔e6 7.♖h6+ ♔f5 8.♖h1 e2–+

Berger
1890

O rei preto consegue apoiar o rápido avanço dos peões ligados e coordenar com o cavalo para ganhar este estudo de final.

1...♔b5 [O rei branco está muito distante e não consegue coordenar a defesa com a torre branca.]

2.♔f3 [2.♔f2 ♔b4 3.♖b1+ ♘b3 4.♖e1 a3 5.♖e4+ ♔a5 6.♖e2 ♘d4 7.♖d2 ♘b5 8.♖a2 ♔a4 9.♖a1 ♘d4 10.♖c1 a2 11.♖c4+ *(11.♔e3 ♘c2+–+)* 11...♔b3 12.♖c1 ♘c2–+]

2...♘b3 3.♖h1 a3 4.♖h2 ♔b4 5.♔e3 b5 6.♖c2 ♘c5 7.♔d2 [7.♔d4 ♘a4 8.♔d3 ♔b3 9.♖c1 a2 10.♔d2 b4–+]

7...♘a4 8.♔c1 ♔b3 9.♖h2 ♘c3–+

Liburkin

1931

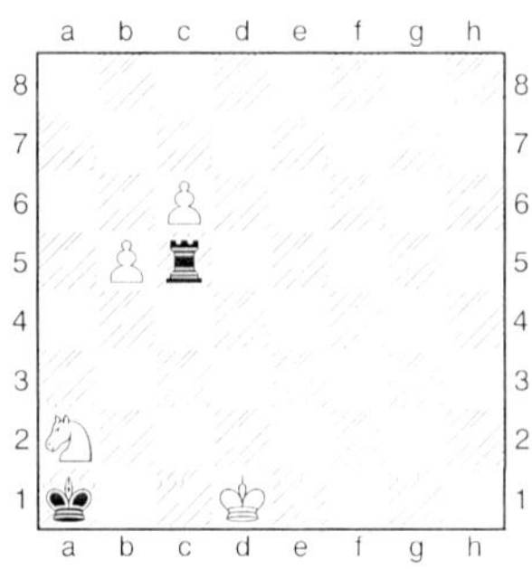

Os peões brancos estão ligados mas impedidos de avançar por causa da posição da torre preta. Uma interessante manobra de cavalo permite ganhar por causa da transposição para um famoso final de peão contra torre.

1.♘c1! ♖xb5 [1...♖d5+ 2.♔c2! *(2.♔e2? ♖xb5 3.c7 ♖e5+ 4.♔d3 ♖e8=)* 2...♖c5+ 3.♔d3! ♖xb5 4.c7! ♖b8 5.cxb8♗!!+– (5.♘b3+? ♖xb3+ 6.♔c2 ♖b4 7.c8♕ *(7.c8♖ ♖b2+!=)* 7...♖c4+! 8.♕xc4=)]

2.c7! ♖d5+ [2...♖c5 3.♘b3+!+–]

3.♘d3! ♖xd3+ 4.♔c2! ♖d4 5.c8♖! [5.c8♕? ♖c4+! 6.♕xc4=]

5...♖a4 6.♔b3!+–

Reti

1928

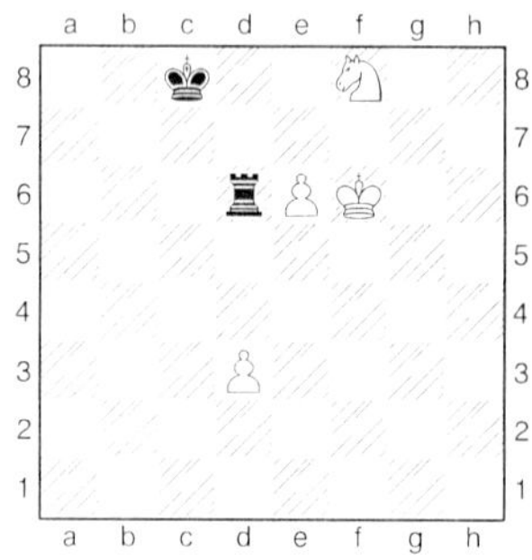

As brancas não conseguem impedir a captura do peão de dama, mas podem criar uma posição de zugzwang para apoiar a coroação do peão de rei.

1.d4! ♖xd4 [Se fosse uma partida e não um estudo de final, as pretas poderiam lutar por longo tempo na variante 1...♔c7 2.d5 ♖a6 *(2...♖xd5 3.e7! ♖d8 4.♘e6+!+–)* 3.♔e5 ♖a1 4.d6+ ♔d8 as brancas conseguem uma posição ganhadora com dois peões ligados na sexta fila e podem contar com a coordenação das peças. 5.♘h7 ♖e1+ 6.♔f5 ♔e8 *(6...♖f1+ 7.♔g6 ♖d1 8.e7+ ♔d7 9.♘f6++–; 6...♖e2 7.♘f6 ♖e1 8.♘g4* ver 8.♘g4*)* 7.♘f6+! ♔d8 8.♘g4 ♔e8 9.♔f6 ♖d1 *(9...♖f1+ 10.♔g6 ♖g1 11.♔g5* ver 13.♔g5*)* 10.♔e5 ♖e1+ 11.♔f5 ♖f1+ 12.♔g6 ♖g1 13.♔g5 ♖e1 *(13...♖g2 14.♔f5 ♖e2 15.♘f6+ ♔d8 16.♘d5* ver 16.♘d5*)* 14.♘f6+ ♔d8 15.♔f5 ♖e2 16.♘d5 ♔e8 17.d7+ ♔d8 18.♘b4! ♖f2+ 19.♔g5 ♖g2+ 20.♔f4 ♖d2 *(20...♔c7 21.♘d3 ♔d8 22.♘e5+–)* 21.♘c6+! ♔c7 22.♘e5 ♔d8 23.♔f5 ♖f2+ 24.♔g5 ♖g2+ 25.♔f6 ♖f2+ 26.♔g7 ♖g2+ 27.♔f8+–]

2.e7! ♖d6+ [2...♖e4 3.♘e6 ♔d7 4.♘c5+!+–]

3.♔g7!! [Zugzwang. Haveria empate após 3.♔f7? ♖d8!=]

3...♖d8 [As pretas entram novamente em zugzwang após]

4.♔f7!! ♔c7 5.♘e6+!+–

Mattison

1914

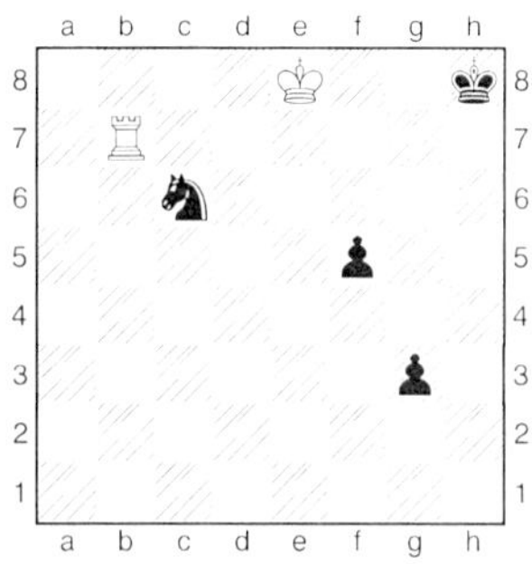

As peças brancas estão aparentemente mal posicionadas e distantes dos peões pretos. A solução proposta pelo autor é muito engenhosa no uso de um conhecido recurso tático para forçar o empate.

1.♖b3 [Há outra solução para este estudo de final, pois há uma maneira de coordenar as peças brancas para defender a posição: 1.♔f8!? f4 *(1...g2 2.♖g7=)* 2.♖g7! ♘e5 3.♖g5! ♔h7 4.♔e7! ♘f3 *(4...♔h6 5.♔f6!=)* 5.♖g4! ♔h6 6.♖xf4 g2 7.♖g4=]

1...f4 2.♖f3! g2 3.♖xf4 ♘e5 [Após a coroação do peão com 3...g1♕ as brancas conseguem forçar o afogamento após 4.♖h4+! ♔g7 5.♖g4+! ♕xg4=]

4.♖f5! g1♕ [As pretas não podem tentar coroar o peão com 4...♘f3? por causa da ameaça de xeque-mate após 5.♔f7!+–]

5.♖h5+! ♔g7 6.♖g5+! ♕xg5=

Posição de Análise - Averbach

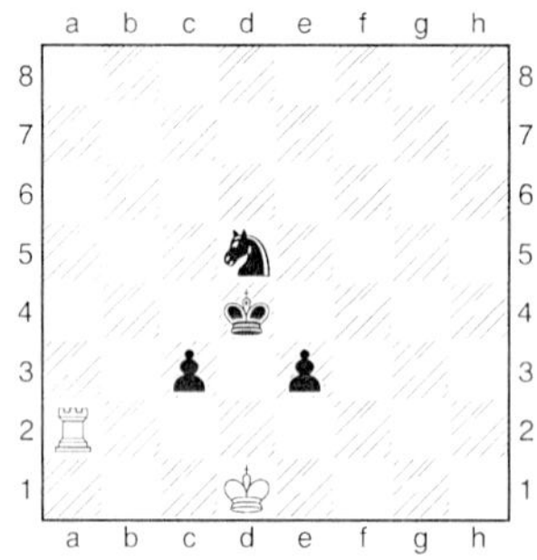

Se o rei preto apoia os peões, a torre branca não pode realizar a defesa lateral, mas apenas à distância para atacar um dos peões.

1.♖a8! ♔d3 2.♖c8 [Seria um erro cravar o cavalo com a torre, pois os dois peões iriam para a sétima fila e não poderiam ser simultaneamente controlados após 2.♖d8? c2+ 3.♔c1 e2! 4.♖e8 *(4.♖xd5+ ♔e4!–+)* 4...♘e3–+; O ataque ao outro peão levaria igualmente ao empate após 2.♖e8 c2+ 3.♔c1 ♘b4 4.♖d8+! ♔c3 5.♖c8+! ♔b3 6.♖c3+!!=]

2...e2+ 3.♔e1 ♘f4 4.♖d8+! ♔e3 5.♖e8+! ♔f3 6.♖e3+!!=

Kudrin - Estrin

Moscou 1946

As pretas conseguem avançar os peões isolados até a sétima fila, mas as brancas conseguem controlar os peões com a defesa lateral de torre.

1...g4 2.♖f1 g3 3.♔f3 g2 4.♖a1 e4+ 5.♔g3 e3 6.♔f3 e2 7.♖a5+ ♔e6 8.♖a1 ♔e5 [8...♔e5 e houve acordo de empate, pois seguiria 9.♖a5+ ♔d4 10.♖a1 ♔d3 11.♔xf4 ♔d2 12.♔f3=]

½–½

Prokes
1940

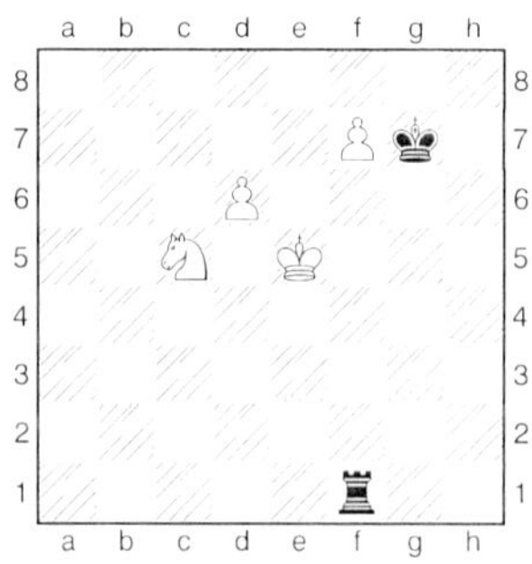

O peão branco na sétima fila só pode ser bloqueado pelo rei preto e isso cria uma manobra tática, a partir da coordenação do rei e cavalo, que leva para o final de peões.

1.d7! ♖d1 [1...♖e1+ 2.♔d4 ♖d1+ 3.♘d3!+–]

2.♔e6! ♔f8 [2...♖e1+ 3.♘e4! ♖xe4+ 4.♔d5! ♖e1 5.f8♕+! ♔xf8 6.d8♕++–]

3.d8♕+ ♖xd8 4.♔f6! ♖d6+ 5.♘e6+ ♖xe6+ 6.♔xe6+–

Kotov
1945

Muito instrutivo final que mostra a manobra de descer e subir o tabuleiro com o rei.

1.f7! ♖xa6+ 2.♘f6! ♖a8 3.♘e8! ♖a6+ 4.♔g5 [As brancas não podem sair da coluna g com o rei e cruzar a coluna f por causa do xeque à distância após 4.♔f5? ♖a1=]

4...♖a5+ 5.♔g4 [5.♔f4? ♖a1=]

5...♖a4+ 6.♔g3 ♖a3+ [Agora as brancas podem cruzar a coluna f com o objetivo de subir a coluna e.]

7.♔f2 ♖a2+ 8.♔e3 ♖a3+ 9.♔e4 ♖a4+ 10.♔e5 ♖a5+ 11.♔e6 ♖a6+ 12.♔d7! [As brancas seriam forçadas a repetir a posição após 12.♘d6 ♖a8 13.♘e8 ♖a6+]

12...♖a7+ 13.♘c7!+–

Prokes
1939

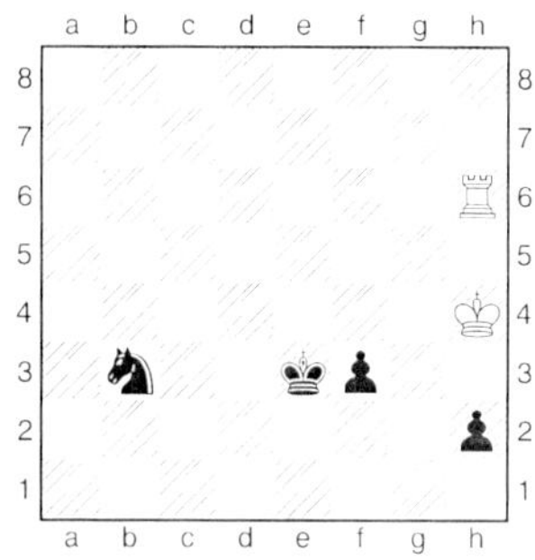

As peças brancas estão mal colocadas, mas o rei branco conseguem chegar a tempo de garantir o empate contra o peão de torre na sétima fila.

1.♔g3! f2 2.♔g2! ♘d2 3.♖f6! [3.♖e6+? ♘e4! 4.♖h6 ♔e2–+]

3...f1♕+ 4.♖xf1 ♘xf1 5.♔h1!= [com empate teórico.]

Selezniev
1920

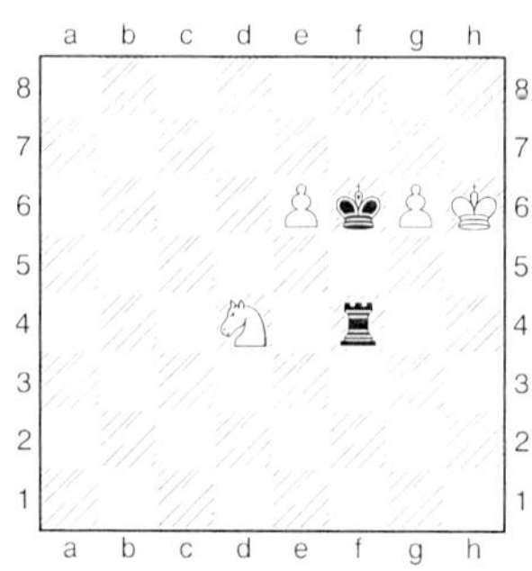

Os peões brancos estão muito adiantados. Isso permite o sacrifício de cavalo para desviar uma das peças pretas a fim de ganhar tempo e avançar os dois peões para a sétima fila com recursos táticos que garantem o empate.

1.♘f5!! ♔xf5 [A outra alternativa seria 1...♖xf5 2.g7 ♖f1 e, diante da ameaça de xeque-mate, há apenas uma única defesa para as brancas numa coroação menor com 3.g8♘+!=]

2.e7! ♖e4 [2...♔f6 3.e8♘+!=; 2...♖h4+ 3.♔g7 ♖e4 4.♔f7 ♖xe7+ 5.♔xe7 ♔xg6=]

3.♔h7! ♔f6 [3...♖xe7+ 4.g7! ♔f6 5.♔h8! ♖xg7=]

4.g7! ♖xe7 [4...♖h4+ 5.♔g8 ♔xe7=]

5.♔h8! ♖xg7=

V. Platov
1906

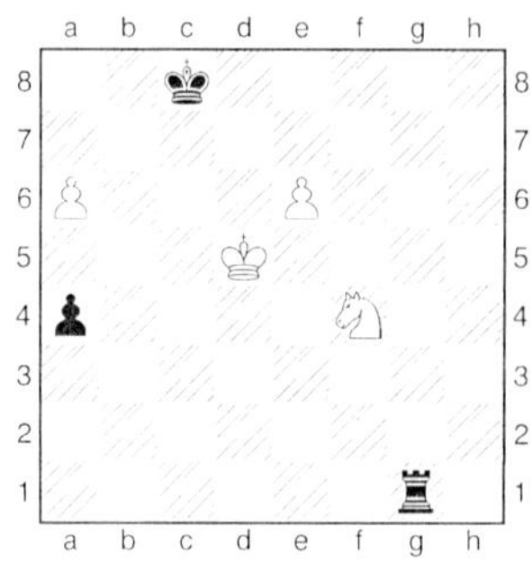

A possibilidade do cavalo com dois peões ganhar da torre com um peão depende de quanto estão avançados os peões e também das posições dos reis.

1.a7! ♔b7 [1...♖g5+ 2.♔c6! ♖a5 3.e7! ♖a6+ 4.♔b5!+–]

2.a8♕+ ♔xa8 3.e7! ♖d1+ [3...♖g8 4.♘e6! ♖e8 *(4...a3 5.♘f8!+–)* 5.♘c7+ ♔a7 6.♘xe8 a3 7.♘c7 a2 8.e8♕ a1♕ 9.♕a8++–]

4.♘d3! ♖xd3+ 5.♔e4+–

H. Mattison
1927

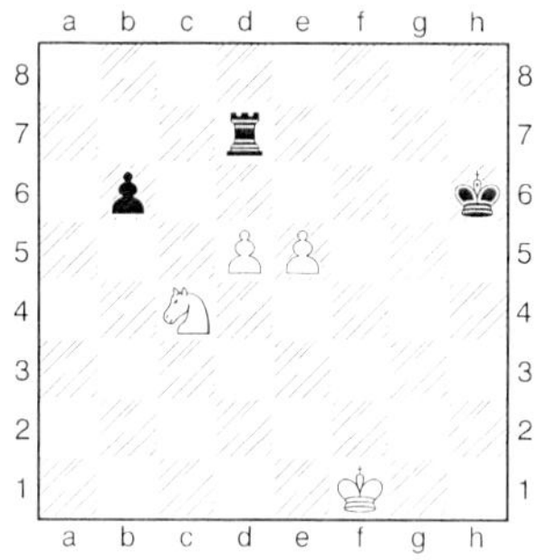

Outro exemplo em que os peões avançados com o apoio do cavalo conseguem ganhar contra a torre, quando o rei está muito distante.

1.e6! [1.♘xb6? ♖b7 2.d6 *(2.♘c4 ♔g5 3.♔e2 ♖b5 4.d6 ♔f5=)* 2...♔g5 3.d7 *(3.♘c4 ♔f5 4.♔e2 ♔e6 5.♔d3 ♖b5 6.♔d4 ♖xe5 7.♘xe5 ♔xd6=)* 3...♖xd7! 4.♘xd7 ♔f5! 5.♔e2 ♔e6!=]

1...♖e7 2.d6! [2.♘xb6? ♔g6 3.♘c8 ♖c7 4.♘d6 *(4.d6? ♖xc8 5.d7 ♖f8+! 6.♔e2 ♔f6!–+)* 4...♖e7 5.♘b5 ♔f6 6.♘d4 ♔e5 7.♘c6+ ♔xd5 8.♘xe7+ ♔xe6=]

2...♖xe6 3.d7! ♖f6+ 4.♔g2 [4.♔e2? ♖f8! 5.♘d6 ♔g6 6.♘e8 ♔f7!=]

4...♖g6+ 5.♔f3 [5.♔h3? ♖g8! 6.♘d6 ♖a8! 7.♘c8 ♖a3+!=]

5...♖f6+ 6.♔g4 ♖g6+ 7.♔f5 ♖g5+ 8.♔e6 ♖g6+ 9.♔d5 ♖g5+ [9...♖g8 10.♘d6! ♔h7 *(10...♖d8 11.♘f7+!+–)* 11.♘e8 ♖g1 12.♘f6+ ♔g6 13.♔d6 ♖d1+ 14.♘d5+–]

10.♔c6 ♖c5+ 11.♔d6! ♖xc4 12.♔e5! ♖c5+ 13.♔e4 ♖c4+ 14.♔e3 ♖c3+ 15.♔d2+–

Euwe - Capablanca
The Hague 1931

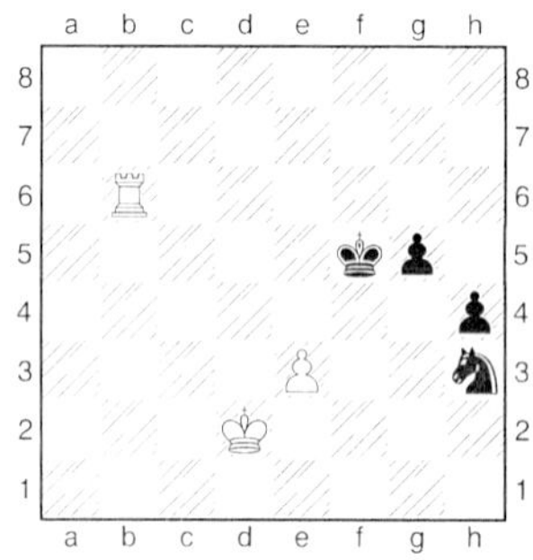

O plano das brancas para empatar é levar o rei para bloquear o avanço dos peões adversários.

1.♔e2 g4 [As pretas poderiam penetrar com o rei, mas as brancas conseguiriam manter o empate após 1...♔g4 2.♖b3 ♔g3 3.e4+ ♔g2 4.e5 ♘f4+! 5.♔e3! h3 6.♔e4 h2 7.♖b2+ ♔g3 8.♖xh2 ♔xh2 9.♔f5! ♘e6 10.♔xe6 g4=]

2.♖b5+ ♔e4 3.♖b4+ ♔f5 4.♔f1 ♔g5 5.♖b5+ ♔g6 6.♖b4 ♔h5 7.♖b7 ♘g5

½–½

CAPÍTULO 6
Torre contra cavalo (com peões bloqueados)

J. Smejkal - H. Ree
Wijk aan Zee 1972

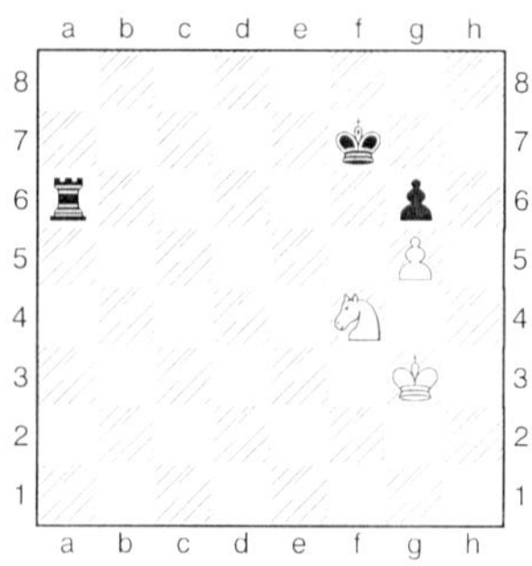

As peças brancas ocupam boas posições para obter o empate neste final de torre contra cavalo. Uma das peças pretas é obrigada a defender o peão bloqueado e isso impede qualquer possibilidade de sucesso no ataque ao peão branco.

1...♖a5 [1...♖a8 2.♔g4 ♖g8 3.♘g2 ♔e6 4.♘h4 ♔e5 5.♔g3= e o rei preto não consegue se aproximar do peão branco.]

2.♔g4 ♖a6 3.♔f3 ♖b6 4.♔g4 ♔e8 5.♔f3

½–½

Z. Kozul - D. Glavas

Bihac 1999

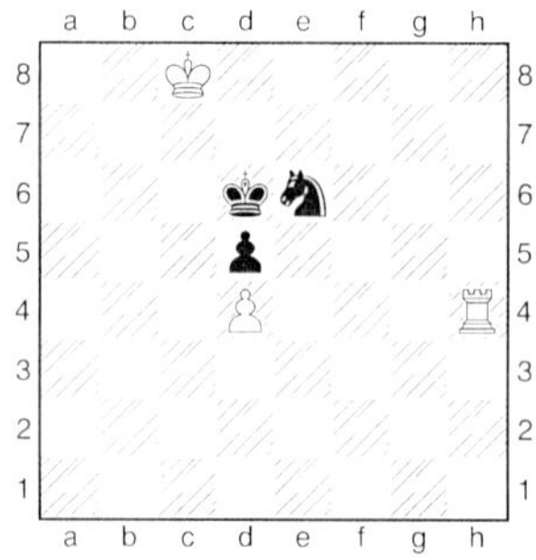

As pretas devem jogar de maneira estática e fazer lance de espera com o rei para manter o equilíbrio da posição neste final de torre contra cavalo.

1...♘xd4? [Um sacrifício precipitado. Era melhor jogar 1...♔e7!? 2.♔b7 ♔d7 3.♖h5 ♔d6 4.♖h6 ♔d7= e as brancas não conseguem progredir na posição.]

2.♖xd4 ♔c5 3.♖d1! d4 [Agora as brancas encontram o único lance que ganha este final de torre contra peão.]

4.♔c7!! [4.♔c7!! ♔d5 *(4...♔c4 5.♔d6! ♔c3 6.♔e5 d3 7.♔e4 d2 8.♔e3+–)* 5.♔d7! ♔e4 *(5...♔e5 6.♔c6 ♔e4 7.♔c5 d3 8.♔c4+–)* 6.♔c6 ♔e3 7.♔c5 d3 8.♔c4 d2 9.♔c3+–; Seria um erro jogar 4.♔d7? ♔d5! 5.♔e7 ♔e5! 6.♔d7 ♔d5! 7.♔c7 ♔c5!=]

1–0

A. Shirov - A. Fishbein

Kerteminde 1991

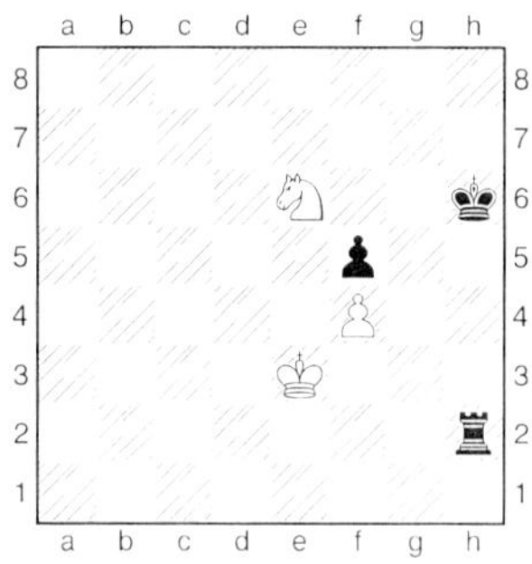

Um instrutivo final que mostra as possibilidades de ganho e de empate assim como os erros de cada lado.

1.♘d4 ♖h3+? [As pretas deveriam defender o peão e preparar a penetração de rei na ala do rei com 1...♔g6! 2.♘f3 *(2.♔d3 ♖h3+ 3.♔d2 ♖g3–+)* 2...♖h8 3.♘d4 ♖h3+ 4.♔e2 *(4.♔f2 ♖d3 5.♘e2 ♔h5–+)* 4...♖c3 5.♔d2 *(5.♔f2 ♖d3–+ Δ ♔h5)* 5...♖c5 6.♔e3 ♔h5–+]

2.♔f2 ♔g6 3.♔e2? [As brancas poderiam empatar com a manobra de cavalo após 3.♘f3! ♖h1 *(3...♔h5 4.♔g2 ♔g4 5.♘e5+ ♔h4 6.♘g6+=; 3...♖h8 4.♘e1 ♔h5 5.♔f3 ♖a8 6.♘g2 ♖a3+ 7.♘e3=)* 4.♔g3 ♔h5 5.♘d4 ♖g1+ 6.♔f2 ♖g4 7.♔f3 ♔g6 8.♘c2= Δ ♘e3]

3...♖a3 [O rei branco está cortado e o cavalo branco não consegue manobrar para a posição de empate.]

4.♘c2 [4.♔d2 ♖a5 5.♘f3 ♔h5 6.♘e5 ♔h4–+; 4.♘c6 ♔h5 5.♘e5 ♖b3 *(5...♔h4? 6.♘c4! ♖a4 7.♘e3=)* 6.♔f2 ♔h4–+]

4...♖a2 5.♔d3 ♖a4 6.♔e3 [6.♘d4 ♖a5 7.♘c2 *(7.♔c4 ♖a3–+)* 7...♔h5 8.♘e3 ♔h4–+]

6...♖c4 7.♘d4 ♖c3+ 8.♔e2 [8.♔f2 ♖d3 9.♘f3 ♔h5 10.♔g3 ♖a3–+]

8...♖c5 9.♘f3 ♔h5 10.♘e5 ♖c3 11.♔f2 ♔h4 12.♔g2 ♖b3 [12...♖b3 13.♔f2 *(13.♔h2 ♖b2+ 14.♔g1 ♔g3 15.♔f1 ♖f2+–+)* 13...♔h3 14.♔e2 ♔g3 15.♘d3 ♖xd3 16.♔xd3 ♔xf4–+]

0–1

Reuben Fine

1941

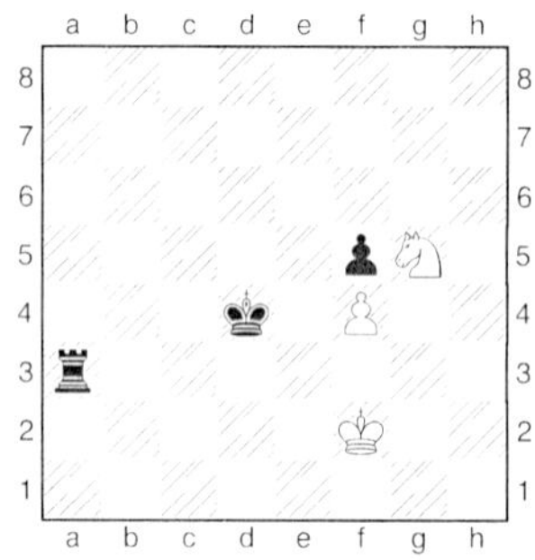

As pretas conseguem coordenar rei e torre para atacar e capturar o peão branco, pois o rei branco está cortado e o cavalo branco está mal posicionado para coordenar a defesa da posição.

1...♔d3! 2.♔f3 ♖a1 3.♔f2 ♖d1 4.♔f3 ♖f1+ 5.♔g3 ♔e3 6.♘e6 [As pretas ganham o final de peões após 6.♘h3 ♖f3+ 7.♔g2 ♖xh3 8.♔xh3 ♔xf4–+]

6...♖f2 7.♘g7 ♖f3+ 8.♔g2 ♔xf4 [Seria mais simples jogar 8...♖xf4–+; ou 8...♖f2+ 9.♔g3 ♖xf4–+]

9.♘xf5 ♖d3! [9...♔g4? 10.♘d4! ♖d3 11.♘e2! ♖d2 12.♔f2=; 9...♖a3? 10.♘d4! ♖a2+ 11.♔f1 ♔e3 12.♘f5+! ♔f3 13.♘d4+ ♔g3 14.♘e2+ ♔f3 15.♘g1+=]

10.♘h4 ♔g4!–+

Averbach
1948

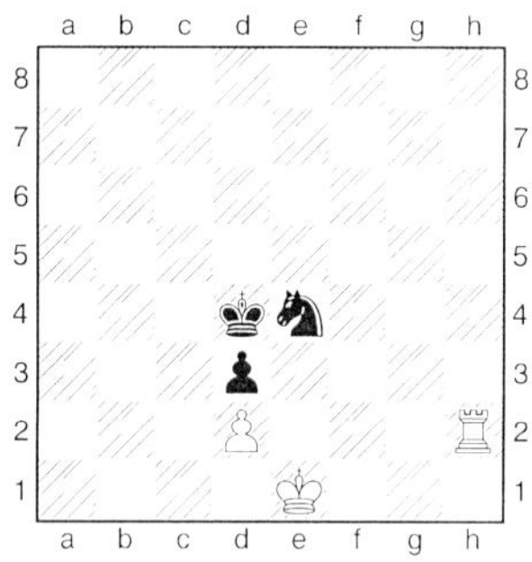

A posição é ganhadora no caso do final com o peão bloqueado na segunda fila, pois a torre tem espaço para manobrar e realizar o ataque à distância.

1.♖h4 ♔d5 [ou 1...♔e5 2.♖h8 ♔d4 3.♖d8+ com a mesma posição da variante principal.]

2.♖h8 ♔d4 3.♖d8+ ♔c4 [As brancas tem espaço para mover a torre de maneira a colocar o cavalo preto em zugzwang.]

4.♖d7! ♘c5 5.♖d6 ♘e4 6.♖d8 ♘c5 7.♔f2+– [Δ ♔e3]

Averbach
1948

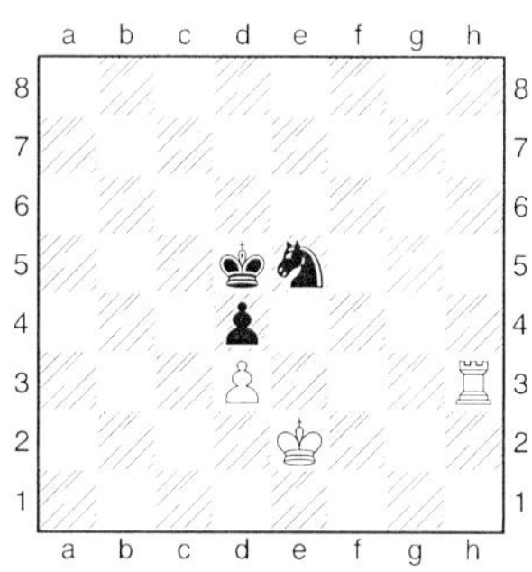

O final com o peão bloqueado na terceira fila está empatado, pois o cavalo não permite que a torre realize ataque à distância.

1.♖h5 ♔d6 2.♖h8 ♔d5 3.♖d8+ ♔c5 4.♔d2 ♘c6 5.♖d7 ♘e5=

Posição de Análise

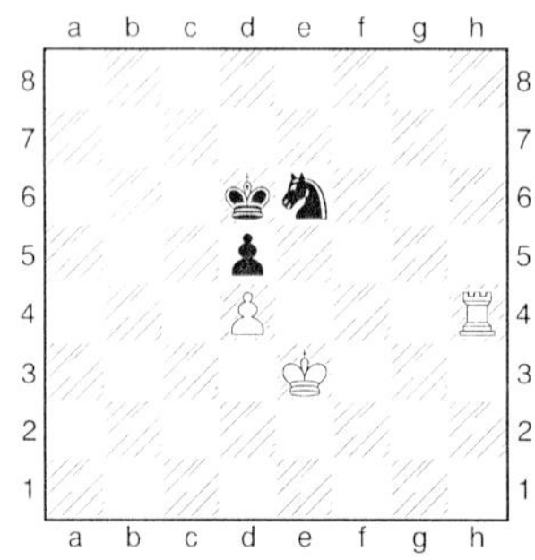

O final com o peão bloqueado na quarta fila está igualado, pois as pretas conseguem empatar o final de peões.

1.♔d3 ♔d7 2.♔c3 ♔d6 3.♖h6 [As brancas podem manobrar o rei pela ala da dama com 3.♔b4 ♔d7 4.♔b5 ♔d6 5.♔b6 ♔d7 6.♔b7 ♔d6 7.♔c8 ♔e7!? *(7...♘xd4? 8.♖xd4 ♔c5 9.♖d1! d4 10.♔c7!!+–)* 8.♔b7 ♔d7 9.♖h5 ♔d6 10.♖h6 ♔d7= mas não conseguem progredir na posição.]

3...♔d7 4.♖xe6 ♔xe6 5.♔b4 ♔d6 6.♔b5 ♔d7 7.♔c5 ♔c7 8.♔xd5 ♔d7=

Averbach
1948

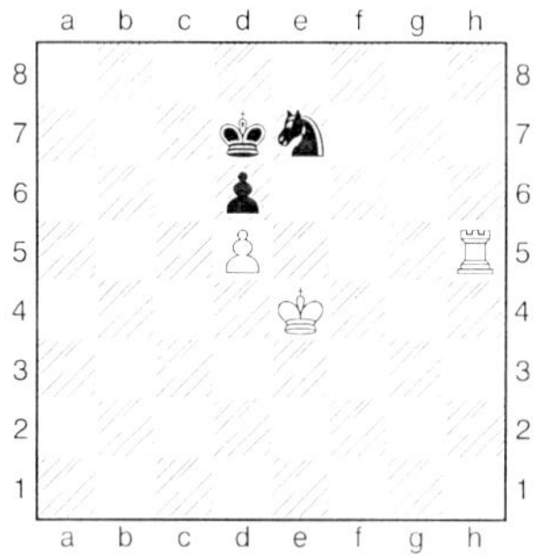

Este final é ganhador, pois o peão bloqueado na quinta fila que permite o sacrifício de qualidade (torre por cavalo) para jogar o final de peões.

1.♔d4 ♔d8 2.♔c4 ♔d7 3.♖h7 ♔d8 4.♖xe7 ♔xe7 5.♔b5! ♔f6 [5...♔d7 6.♔b6 ♔d8 *(6...♔c8 7.♔c6 ♔d8 8.♔xd6 ♔e8 9.♔c7+–)* 7.♔c6 ♔c8 8.♔xd6 ♔d8 9.♔e6 ♔c8 10.d6 ♔d8 11.d7+–]

6.♔b6! ♔f5 [6...♔e5 7.♔c6!+–]

7.♔c7! [7.♔c6?? ♔e5!–+]

7...♔e5 8.♔c6!+–

E. Pogosyanets
1964

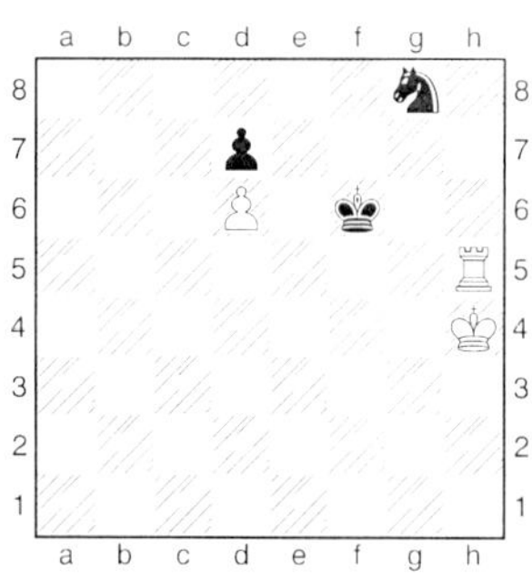

Um curioso estudo de final em que as brancas conseguem explorar a restrita posição do cavalo preto.

1.♖h8! ♔g7 2.♔g5!! ♔xh8 [2...♘f6 3.♖h4+– *(3.♔f5? ♘e4!=)*]

3.♔g6!+–

Averbach
1948

Se o peão branco estiver bloqueado na terceira fila, o final é ganhador pois as peças brancas tem mais espaço no final ao manobrar as peças para posições mais ativas.

1.♖h6 ♘d4 2.♖h8 ♘c6 [2...♘b5 3.♖a8++–; 2...♔b5 3.♖h5+ ♔b6 4.♔c3 ♘c6 5.♔c4 ♔a6 6.♔c5+–]

3.♔c3 ♔b5 4.♖h5+ ♔b6 5.♔c4 ♔a6 6.♔c5+–

Averbach
1948

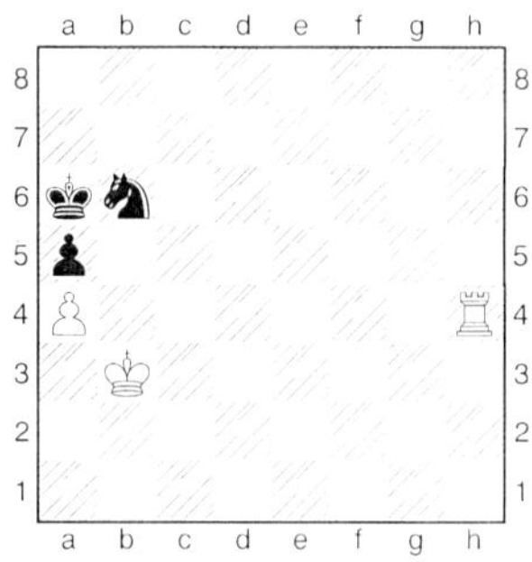

As pretas conseguem empatar o final contra o peão de torre bloqueado na quarta fila porque o cavalo preto pode ficar melhor posicionado.

1.♖h5 ♘d7 2.♖d5 ♘b6 3.♖b5 ♘c8! [3...♘d7? 4.♔c4!+–]

4.♔c3 [4.♔c4 ♘d6+ 5.♔c5 ♘xb5 6.axb5+ ♔b7=]

4...♘b6 5.♔b3 ♘c8!= [e as brancas não conseguem progredir na posição.]

Averbach
1948

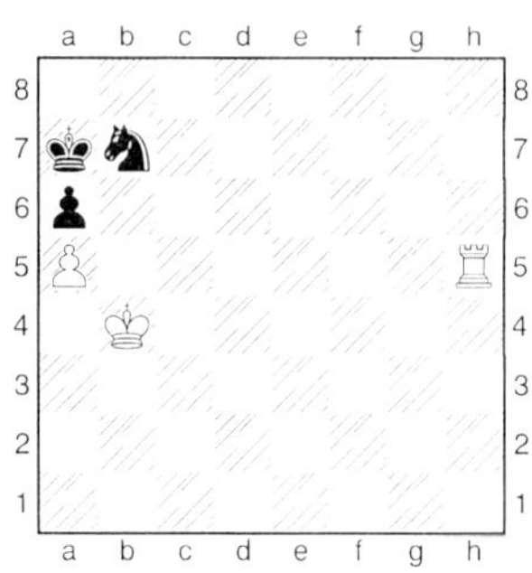

As brancas podem sacrificar o peão de torre bloqueado na quinta fila para ganhar tempo e levar o rei para uma posição mais ativa para pressionar o cavalo mal posicionado em b7.

1.♖h6 ♘d8 2.♖d6 ♘b7 3.♖b6 ♘d8 4.♔c5 ♘b7+ 5.♔c6! ♘xa5+ [5...♘d8+ 6.♔c7 ♘f7 7.♖b7+ ♔a8 8.♔b6+–]

6.♔c7! ♘c4 7.♖b7+! ♔a8 8.♖b4 ♘e3 9.♖e4 ♘d5+ 10.♔c6 ♘c3 11.♖e3 ♘b5 12.♔b6 ♘d6 13.♖e6 [13.♔xa6? ♘c8 14.♖e8 ♔b8= com posição teórica de empate.]

13...♘c4+ [13...♘c8+ 14.♔c7+– *(14.♔xa6? ♔b8!=* com posição teórica de empate.*)*]

14.♔c5 ♘d2 15.♖e2 ♘b3+ 16.♔b6+–

CAPÍTULO 7
Torre e bispo contra torre

Philidor
1792

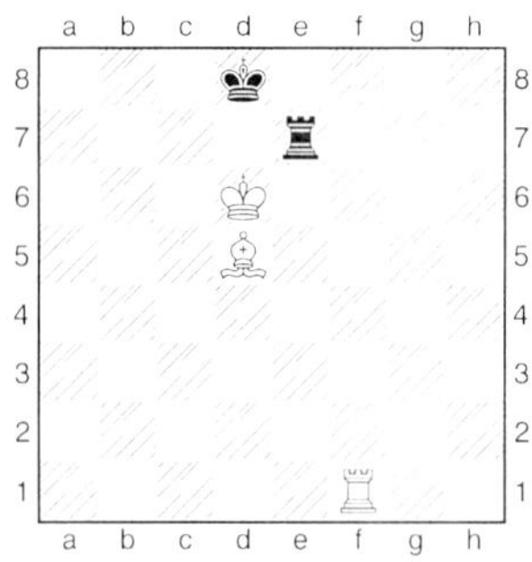

O Método de Philidor para ganhar o final de torre e bispo contra torre baseia-se na coordenação das peças de forma a criar uma rede de xeque-mate. Sendo lance das pretas na posição inicial, há empate com 1...♖d7+!=. Sendo lance das brancas na posição inicial, a vitória é obtida com

1.♖f8+! ♖e8 [O plano ganhador das brancas baseia-se no controle da sétima fila pela torre, com o rei em oposição sendo protegido pelo bispo que cobre os xeques à distância.]

2.♖f7 ♖e2 [2...♖e1 3.♗f3 ♖e3 *(3...♔e8 4.♖f4 ♔d8 5.♖a4 ♖c1 6.♗g4 ♔e8 7.♖f4+–)* 4.♗c6 ♖d3+ 5.♗d5! ♖e3 6.♖d7+ ♔e8 *(6...♔c8 7.♖a7+–)* 7.♖a7 ♔f8 8.♖f7+ ♔e8 9.♖f4 ♖d3 *(9...♔d8 10.♗e4+–)* 10.♖g4+–; 2...♖e3 3.♖d7+ ♔e8 4.♖a7 ♔f8 5.♖f7+ ♔e8 6.♖f4 ♖d3 *(6...♔d8 7.♗e4+–)* 7.♖g4+–; 2...♔c8 3.♖a7 ♖d8+ 4.♔c6 ♔b8 5.♖b7+ ♔a8 6.♖b1 ♔a7 7.♔c7+–]

3.♖h7 ♖e1 4.♖b7 [As brancas não podem se precipitar pois as pretas escapariam da oposição com o rei após 4.♗f3? ♔e8! 5.♗h5+ ♔f8!=]

4...♖c1 [4...♔c8 5.♖a7 *(5.♖b4 ♖d1 6.♖h4 ♔b8 7.♖a4+–)* 5...♖b1 6.♖h7 ♖b6+ 7.♗c6+–]

5.♗b3 ♖c3 [5...♔c8 6.♖b4 ♔d8 7.♖h4 ♖e1 8.♗a4 ♔c8 9.♗c6 ♖d1+ 10.♗d5! ♔b8 11.♖a4+–]

6.♗e6 ♖d3+ 7.♗d5! ♖c3 [7...♔c8 8.♖a7+–]

8.♖d7+ ♔c8 [8...♔e8 9.♖g7+–]

9.♖h7 ♔b8 10.♖b7+ ♔c8 11.♖b4 ♔d8 [11...♖d3 12.♖a4+–]

12.♗c4 ♔c8 13.♗e6+ ♔d8 14.♖b8+ ♖c8 15.♖xc8#

Lolli

1763

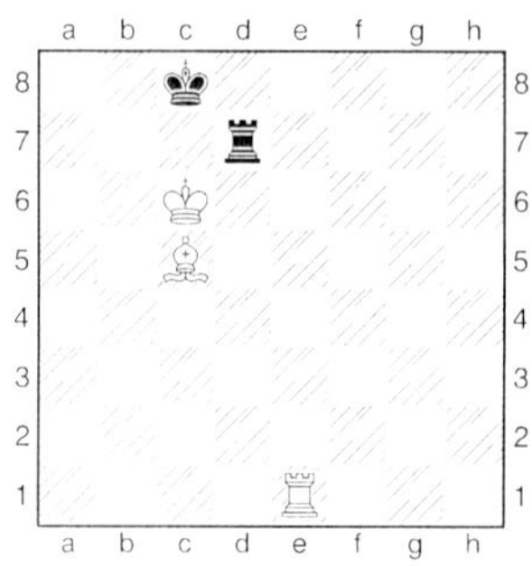

Deslocando-se as peças uma coluna para a esquerda, a posição continua empatada se for lance das pretas (1...♖c7+!=) e continua ganha se for lances das brancas, como comprova o seguinte estudo.

1.♖e8+! ♖d8 2.♖e7 ♖d2 [2...♖d3 3.♖a7 ♖b3 4.♖c7+ ♔b8 *(4...♔d8 5.♖f7+–)* 5.♖h7 ♔a8 6.♖h4+–; 2...♖h8 3.♖a7 ♔b8 4.♖b7+ ♔a8 *(4...♔c8 5.♗d6+–)* 5.♗d6 ♖c8+ 6.♗c7! ♖h8 7.♖b1 ♖h6+ 8.♗d6 ♖h7 9.♖e1+–]

3.♖h7 ♖d1 4.♖a7 ♖b1 5.♗a3 ♖b3 6.♗d6 ♖c3+ 7.♗c5! ♖b3 8.♖c7+ ♔b8 [8...♔d8 9.♖f7+–]

9.♖h7 ♔a8 10.♖h4 ♖b7 11.♗b6+– [11.♗d6? ♖b6+!=]

Lolli
1763

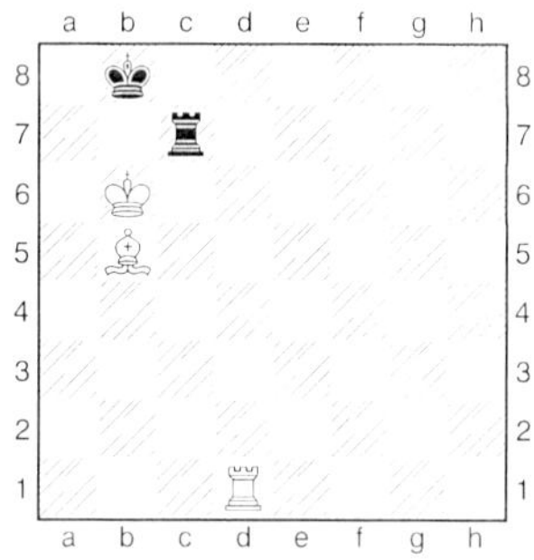

Deslocando-se mais uma coluna para a esquerda, surge uma difícil posição que deve ser conduzida de maneira muito perfeita para atingir o empate.

1.♖d8+ ♖c8 2.♖d7 ♖c2 [Seria passivo jogar 2...♖f8? pois as brancas poderiam rapidamente coordenar as peças com 3.♗c6 ♔c8 4.♖d6! ♖f7 *(4...♖h8 5.♗e4 ♖f8 6.♗d3 ♔b8 7.♗f5+–)* 5.♗e4 ♖f8 6.♗d3 ♔b8 7.♗f5 ♔a8 8.♗d7 ♖b8+ *(8...♔b8 9.♖h6 ♖g8 10.♖h7 ♖f8 11.♖g7 ♖h8 12.♗c6 ♔c8 13.♖a7+–)* 9.♔a6! ♖b4 *(9...♖b1 10.♗f5!+–; 9...♖b2 10.♗e6!+–)* 10.♗b5 ♔b8 11.♔b6! ♔c8 12.♖c6+ ♔d8 *(12...♔b8 13.♖e6+–)* 13.♖e6!+–]

3.♖f7 ♖c3 4.♗a4 ♖c1! 5.♗c6 ♖b1+! [Como as brancas não podem manobrar a torre pelo lado esquerdo do tabuleiro por falta de colunas, o plano é manobrar o rei branco até a casa d6 para conseguir a Posição Philidor.]

6.♔c5 [6.♗b5 ♖c1!=]

6...♖b2! [Se 6...♖c1+? as brancas ganhariam um tempo para coordenar as peças após 7.♔d6! ♖g1 *(7...♖d1+ 8.♗d5!+–)* 8.♗e4! *(8.♗d5? ♖g6+!=)* 8...♖d1+ 9.♗d5+–]

7.♗d5 [Mover diretamente o rei permitiria o xeque lateral após 7.♔d6 ♖h2! *(7...♖d2+? 8.♗d5!+–)* 8.♗d5 ♖h6+!=]

7...♖h2! [Se 7...♖c2+? as brancas ganhariam um tempo para coordenar as peças após 8.♔d6!+–]

8.♖b7+ [As pretas empatariam com xeque lateral após 8.♔d6 ♖h6+!=]

8...♔c8! 9.♖e7 ♔b8! [9...♖c2+? 10.♔d6!+–; 9...♔d8? 10.♔d6!+–]

10.♔b6 [As pretas empatariam com xeque lateral após 10.♔d6 ♖h6+!=; As pretas empatariam com xeque lateral e xeque à distância após 10.♔c6 ♖h6+! 11.♗e6 ♖h1! 12.♖b7+ ♔a8! 13.♖b4 ♖c1+ 14.♗c4 ♖h1= com o melhor posicionamento de torre que permite tanto o xeque à distância pela coluna c como o xeque lateral pela coluna h.]

10...♖c2! [As pretas não podem permitir a coordenação das peças brancas e, portanto, devem evitar não só o xeque-mate como também deixar o rei cortado, pois do contrário perderiam após 10...♔c8? 11.♔c6! ♖c2+ *(11...♖h6+ 12.♗e6+! ♔d8 13.♔d6!+–)* 12.♔d6! ♔b8 13.♖b7+ ♔c8 14.♖a7 ♔d8 15.♖h7 ♖e2 16.♖b7 ♖c2 *(16...♔c8 17.♖a7+–)* 17.♖a7 ♖c1 18.♗b3 ♖c3 19.♗e6 ♖d3+ 20.♗d5!+–; 10...♖b2+? 11.♔c6! ♖c2+ 12.♔d6! ♖c1 13.♖b7+ ♔c8 14.♖a7 ♔d8 15.♖h7 ♖e1 16.♖b7 ♖c1 *(16...♔c8 17.♖a7+–)* 17.♗b3 ♖c3 18.♗e6 ♖d3+ 19.♗d5!+–]

11.♗b3 ♖c1! [11...♖c3? 12.♗e6!+–]

12.♖d7 [As pretas empatariam com xeque à distância para deixar o bispo branco cravado após 12.♗e6 ♖b1+!=]

12...♔c8! 13.♖d2 [Novamente, as pretas empatariam com xeque à distância para deixar o bispo branco cravado após 13.♗e6 ♖b1+!=]

13...♖b1! [A única maneira de defender a posição é manter o bispo cravado, pois outras alternativas perderiam, por exemplo: 13...♖c3? 14.♗e6++–; 13...♔b8? 14.♗c2!+–]

14.♖d3 ♖b2! 15.♔c6 ♖b1! [As pretas não conseguem mais evitar a coordenação das peças brancas, mas outras alternativas perderiam: 15...♔b8? 16.♖d8+ ♔a7 17.♖d7+! ♔b8 *(17...♔a6 18.♖d4+–; 17...♔a8 18.♗d5 ♖c2+ 19.♔d6+!+–)* 18.♖b7+ ♔a8 19.♖b4! ♖h2 20.♗d5 ♖c2+ 21.♗c4+–; 15...♖h2? 16.♗e6+! ♔b8 17.♖b3+ ♔a7 *(17...♔a8 18.♔b6 ♖h7 19.♗d5++–)* 18.♖b7+ ♔a8 *(18...♔a6 19.♗c4+! ♔a5 20.♔c5! ♖h5+ 21.♗d5!+–)* 19.♖b4 ♔a7 20.♗d5 ♖c2+ *(20...♖h6+ 21.♔c5!+–)* 21.♗c4!+–]

16.♗e6+ ♔b8! 17.♖d8+ ♔a7! 18.♖d7+ ♔b8! [18...♔a6? 19.♗c4+!+–; 18...♔a8? 19.♗d5+–]

19.♗d5 ♖c1+! 20.♔d6 ♖c7!!= [e as pretas são forçadas a recorrer ao afogamento para empatar o final.]

Nunn
1995

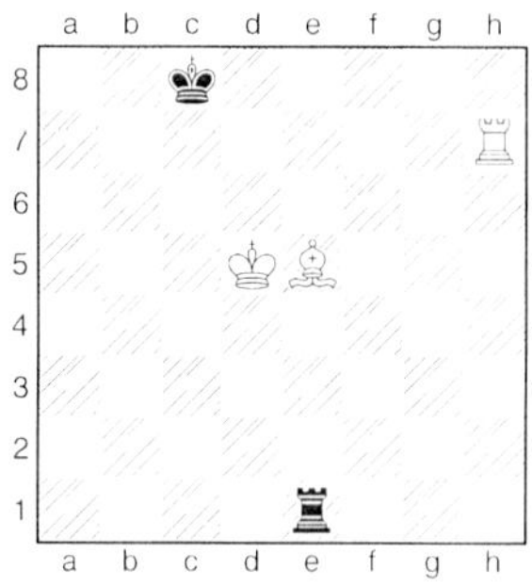

A posição é ganhadora, pois as brancas controlam a sétima fila com a torre e ganham um tempo com um xeque para colocar o rei em oposição e depois manobrar o bispo.

1.♖c7+! [Mover o rei branco diretamente para a sexta fila levaria ao empate, por exemplo: 1.♔d6? ♖d1+ 2.♔e6 ♖d7!=; 1.♔c6? ♖c1+ 2.♔d6 ♖d1+ 3.♔e6 ♖d7!=; 1.♔e6? ♖c1! *(1...♖e2? 2.♖c7+! ♔d8 3.♖c4 ♖e1 4.♖h4 ♔c8 5.♖b4!+–)* 2.♖a7]

1...♔d8 2.♔d6 ♖h1 [2...♖xe5 3.♖a7!+–; 2...♖e2 3.♖c1 ♖d2+ 4.♔e6!+–; 2...♖d1+ 3.♔e6! ♖d2 *(3...♔e8 4.♗c3 ♖d3 5.♗f6 ♖e3+ 6.♗e5!+–)* 4.♖c4 ♔e8 *(4...♖e2 5.♖g4 ♔c8 6.♖b4!+–)* 5.♖h4 ♖f2 6.♖h7 ♖f1 *(6...♖f3 7.♖e7+ ♔f8 8.♖c7 ♔g8 9.♖g7+ ♔f8 10.♖g4 ♖e3 11.♖h4+–)* 7.♖c7 ♖d1 *(7...♔d8 8.♖c4 ♖e1 9.♖h4 ♔c8 10.♖b4!+–)* 8.♗c3 (posição final do estudo) 8...♖d3 *(8...♔d8 9.♖c4 ♔e8 10.♖h4 ♖f1 11.♗b4 ♔d8 12.♖c4+–)* 9.♗f6 ♖e3+ 10.♗e5! ♖d3 *(10...♔d8 11.♖b7+–)* 11.♖e7+ ♔d8 *(11...♔f8 12.♖h7+–)* 12.♖h7 ♔c8 13.♖c7+ ♔d8 14.♖c4 ♖e3 *(14...♔e8 15.♗d4+–)* 15.♖b4+–]

3.♗f6+! ♔e8 4.♔e6! ♖e1+ 5.♗e5! ♖d1 [5...♔d8 6.♖c4 *(6.♖b7? ♖c1!=)* 6...♖e2 7.♖h4 ♔c8 8.♖b4!+–]

6.♗c3+– [conforme analisado anteriormente.]

A. Budnikov - M. Novik
URSS (ch) 1991

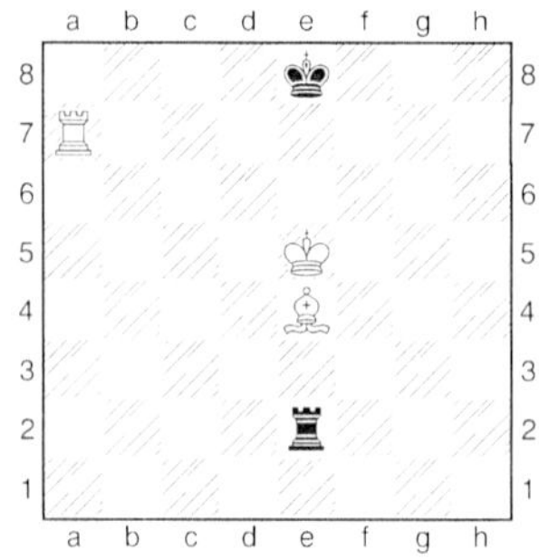

A Posição de Cochrane baseia-se na ideia de manter o bispo cravado e, assim, impedir que o rei adversário possa fazer oposição para ameaçar xeque-mate.

1...♖e1 [As pretas perderiam após 1...♔d8? por causa de 2.♔d6! ♔e8 3.♗d5!+–; As pretas poderiam mover o rei para o outro lado com 1...♔f8= em vez de fazer o lance de tempo com a torre.]

2.♔d5 ♔f8 [O princípio defensivo é mover o rei para o lado oposto do rei que busca oposição para ameaçar xeque-mate.]

3.♗f5 ♖e7 [Liberando o rei preto da primeira fila.]

4.♖a8+ ♔f7 5.♖a1 ♔f6 6.♗c8 ♖e5+ 7.♔d6 ♖e2 8.♖f1+ ♔g5 9.♗b7 ♖e3 10.♔d5 ♖e2 11.♔d4 ♖e7 12.♗d5 ♖e8 13.♖f7 ♖b8 [As pretas preparam novamente a Posição de Cochrane.]

14.♔e5 ♖b5 [O bispo branco está novamente cravado pela torre preta.]

15.♖f1 ♖a5 [As pretas fazem lance de tempo com a torre para manter o bispo branco cravado.]

16.♖g1+ ♔h5 [(Posição de Cochrane)]

17.♖h1+ ♔g5 18.♖b1 ♔h5 19.♖g1 ♖b5 [(Posição de Cochrane)]

20.♔d4 ♔h6 [O princípio defensivo é mover o rei para o lado oposto do rei que busca oposição para ameaçar xeque-mate.]

21.♗e4 ♖g5 [Liberando o rei preto da coluna h.]

22.♖f1 ♔g7 23.♗f5 ♔f6 24.♔e4 ♔e7 25.♖d1 ♖g2 26.♖d7+ ♔f6 27.♖d6+ ♔e7 28.♖e6+ ♔f7 29.♖a6 ♖e2+ 30.♔d5 ♔e7 31.♗e4 ♖d2+ [As pretas preparam novamente a Posição de Cochrane.]

32.♔e5 ♖e2 [O bispo branco está novamente cravado pela torre preta.]

33.♖e6+ ♔d7 34.♖h6 ♔e7 35.♖h7+ ♔e8 [(Posição de Cochrane)]

36.♖a7 [Repete-se novamente a posição inicial.]

36...♖e1 37.♔d5 ♔f8 38.♗f5 ♖e7

½–½

J. Norri - S. Atalik

Pula Echt 1997

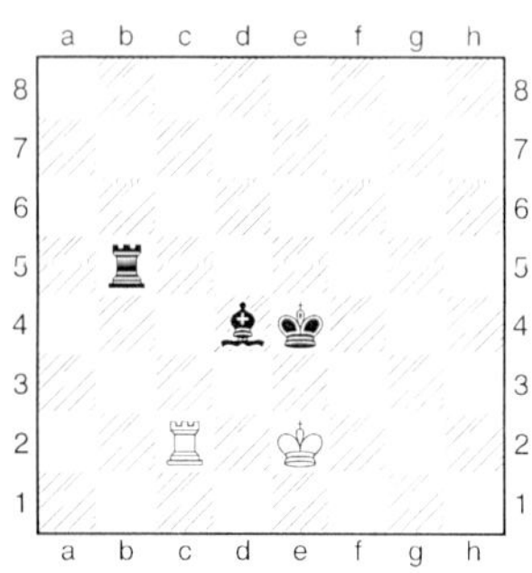

A outra alternativa como método defensivo baseia-se no uso da segunda fila pela torre.

1.♖d2 ♖h5 2.♖c2 ♖h2+ 3.♔d1 ♖h1+ 4.♔e2 ♖h2+ 5.♔d1 ♖h3 6.♔e2 ♗c3 7.♔d1 ♖h1+ [7...♖e3 8.♖e2=; 7...♔d3 8.♖d2+!=; 7...♖g3 8.♔e2 ♖e3+ 9.♔f2 *(9.♔d1?? ♖e1#!)* 9...♔f4 10.♖e2=]

8.♔e2 ♔d4 9.♔f3! ♖f1+ 10.♖f2 ♖a1 11.♔g4 ♖a8 12.♖g2 [A Defesa de Segunda Fila aplica-se na sétima fila como também lateralmente tanto na coluna b como na coluna g.]

½–½

H. Olafsson - M. Petursson

Akureyri 1988

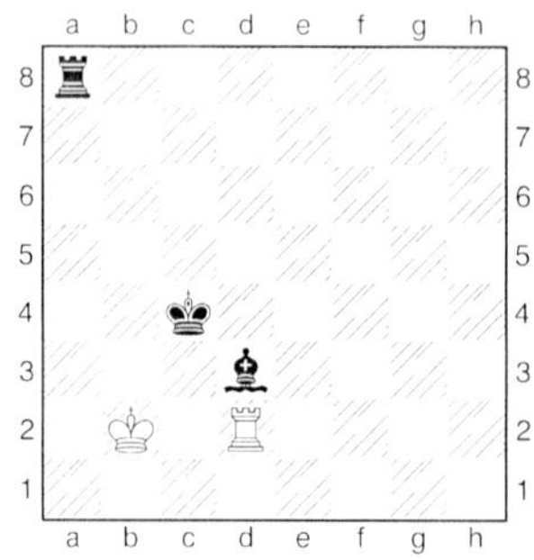

1.♔c1? [As pretas conseguiriam colocar os reis em oposição com ameaça de xeque-mate após 1.♖g2? ♖b8+! 2.♔a1 *(2.♔c1 ♖b1+! 3.♔d2 ♖b2+!–+)* 2...♖b1+ 3.♔a2 ♔c3 4.♔a3 *(4.♖g8 ♖b7 5.♖c8+ ♗c4+! 6.♔a1 ♖h7–+)* 4...♖b8 5.♖g4 ♖b7 6.♖h4 ♖b1 7.♖h2 *(7.♔a2 ♖g1 8.♖h3 ♖g8–+)* 7...♗f1 8.♖f2 ♗c4 9.♖f3+ ♗d3!–+; Entretanto, as brancas deixaram escapar a possibilidade do uso da Defesa de Segunda Fila com 1.♖f2! ♖b8+ 2.♔c1! ♖b1+ 3.♔d2 ♔d4 *(3...♖b2+ 4.♔e1=)* 4.♖f4+ ♗e4 5.♖f2 ♖b2+ 6.♔e1=]

1...♔d4? [As pretas deixaram escapar a possibilidade de atingir a posição dos reis em oposição com ameaça de xeque-mate após 1...♖a1+! 2.♔b2 ♖h1 3.♔a3 *(3.♖g2 ♖b1+! 4.♔a3 ♔c3 5.♖h2 ♗f1 6.♖f2 ♗c4 7.♖f3+ ♗d3!–+)* 3...♔c3 4.♖b2 ♖a1+! 5.♖a2 ♖b1 6.♖g2 ♖b8 7.♖g4 ♖b7 8.♖h4 ♖b1 9.♖h2 ♗f1 10.♖f2 ♗c4 11.♖f3+ ♗d3!–+]

2.♖f2= [e a partida terminou em empate em poucos lances.]

Timman - Lutz
Wijk aan Zee 1995

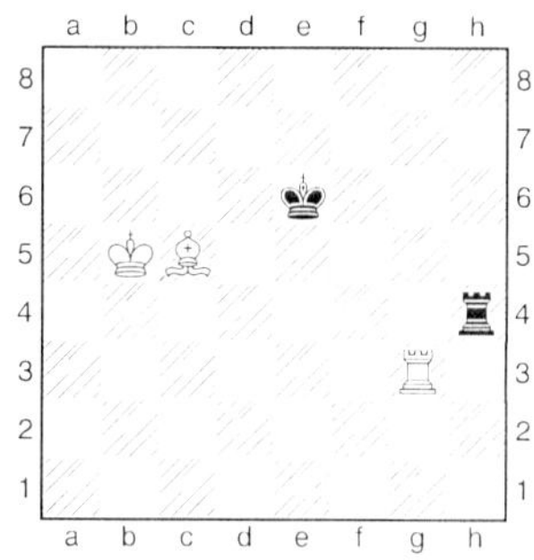

1...♖h1 2.♔c6 ♖e1 3.♗d4 ♖c1+ 4.♗c3 ♖d1 5.♖e3+ ♔f5 6.♔c5 ♖d8 7.♗e5 ♖c8+ 8.♔d5 ♖a8 9.♖f3+ ♔g4 10.♖f7 ♖a5+ 11.♔e4 ♖a4+ 12.♗d4 ♔g5 13.♖g7+ ♔h4!

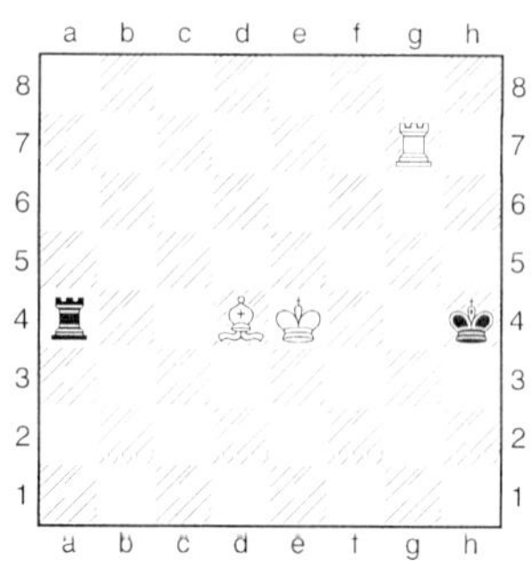

Posição de Cochrane. As pretas perderiam após 13...♔h5? 14.♔f5! ♔h4 15.♗e5! ♔h3 16.♖g3+! ♔h4 17.♖d3 ♔h5 18.♖d7 ♖a6 19.♖g7+–

14.♔e5 ♔h3 [O princípio defensivo é mover o rei para o lado oposto do rei que busca oposição para ameaçar xeque-mate.]

15.♖g1 ♖b4 16.♗e3 ♖g4! [Liberando o rei preto da coluna h.]

17.♖a1 ♔g2 18.♗f4 ♖g8 19.♖a2+ ♔f3 20.♖a3+ ♔e2 21.♔e4 ♖e8+ 22.♗e5 ♖e7 23.♖a2+ ♔e1!

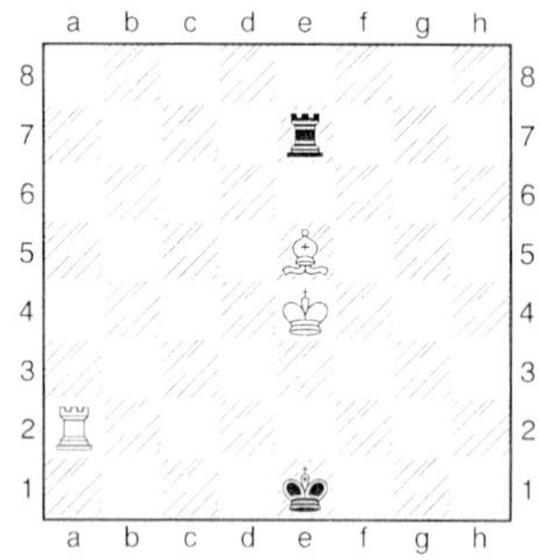

Posição de Cochrane. As pretas perderiam após 23...♔d1? 24.♔d3! ♔e1 25.♗d4! ♔f1 26.♖f2+! ♔e1 27.♖f5 ♔d1 28.♖a5 ♖c7 29.♖a2 ♖c8 30.♖f2+–

24.♔d4 ♔f1 [O princípio defensivo é mover o rei para o lado oposto do rei que busca oposição para ameaçar xeque-mate.]

25.♗f4 ♖e2! [Liberando o rei preto da oitava fila.]

26.♖a8 ♖e7 27.♔d3 ♔g2 28.♖f8 ♖e6 29.♖f7 ♖e8 30.♗e3 ♖a8 31.♗c5 ♖a4 32.♔e3 ♖g4

As pretas decidem defender a posição com a torre pela coluna g (defesa de segunda fila, no caso em questão corresponde à segunda coluna lateral com a rotação do tabuleiro em 90 graus).

33.♗d6 ♖g6 34.♖f2+ ♔h3! [As pretas ficariam perdidas caso voluntariamente levassem o rei para o canto do tabuleiro após 34...♔g1? 35.♖d2! ♔h1 *(35...♔f1 36.♔f3! ♔e1 37.♖d4 ♖f6+ 38.♗f4!+–)* 36.♔f3 ♖g2 *(36...♖f6+ 37.♗f4+–)* 37.♖d1+! ♖g1 38.♖d3 ♖f1+ *(38...♖g8 39.♖d4+–)* 39.♔g3! ♖g1+

40.♔h3 ♖b1 41.♗e5 ♖g1 42.♖d2 ♖g2 43.♖d1+! ♖g1 44.♖d3 ♖f1 45.♗f6+–; 34...♔h1? 35.♖h2+! ♔g1 36.♖d2! ♔h1 *(36...♔f1 37.♔f3! ♔e1 38.♖d4 ♖f6+ 39.♗f4!+–)* 37.♔f3 ♖g2 *(37...♖f6+ 38.♗f4+–)* 38.♖d1+! ♖g1 39.♖d3 ♖f1+ *(39...♖g8 40.♖d4+–)* 40.♔g3! ♖g1+ 41.♔h3 ♖b1 42.♗e5 ♖g1 43.♖d2 ♖g2 44.♖d1+! ♖g1 45.♖d3 ♖f1 46.♗f6+–]

35.♗e5 ♔g4 36.♔e4 ♔h5 37.♗f6 ♔g4 38.♖f4+ ♔g3 [38...♔h5?? 39.♖h4#!]

39.♔e3 ♔h3 40.♖f5 ♖g3+ 41.♔f2 ♖g2+ 42.♔f1 ♖c2

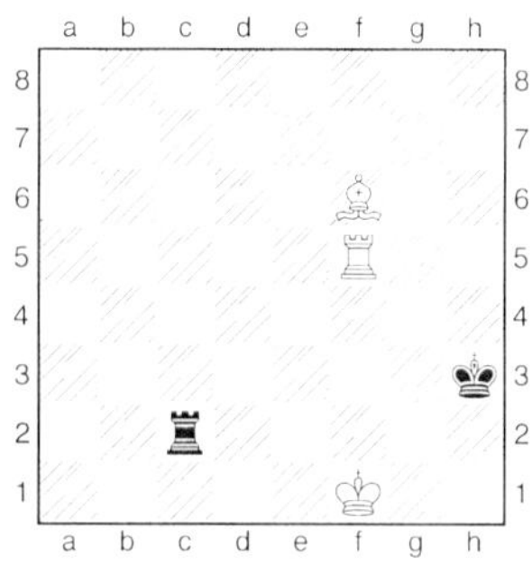

As pretas optaram por deixar o rei branco cortado na primeira fila, mas poderiam optar por manter a defesa de segunda fila (segunda coluna lateral com a rotação do tabuleiro em 90 graus) com 42...♖g8=

43.♖g5 ♖c4 44.♗e5 ♔h4 45.♖g8 ♖e4 46.♗g3+ ♔h5! [46...♔h3? 47.♔f2! ♖e7 48.♗f4! ♖h7 49.♖g1! ♖b7 50.♔f3 ♖b3+ 51.♗e3!+– com posição ganhadora do ponto de vista teórico, mas que seria empate do ponto de vista prático por causa da regra de 50 lances após a última captura de peão.]

47.♔f2 ♖a4 48.♔f3 ♔h6 49.♗e5 ♖b4 50.♗f4+ ♔h7! 51.♖g5 ♖a4 52.♔g4 ♖b4 53.♔f5 ♖b5+? [As pretas reclamaram empate (mais de 50 lances após a última captura de peão) numa posição perdida por causa de 54.♗e5!+–. As pretas poderiam empatar com 53...♖b1 54.♗e5 ♖f1+!=; 53...♖b6 54.♗e5 ♖g6!! 55.♖h5+ ♖h6 56.♖g5 ♖g6!!=]

½–½

Pilnik - Cherniak

Mar del Plata 1950

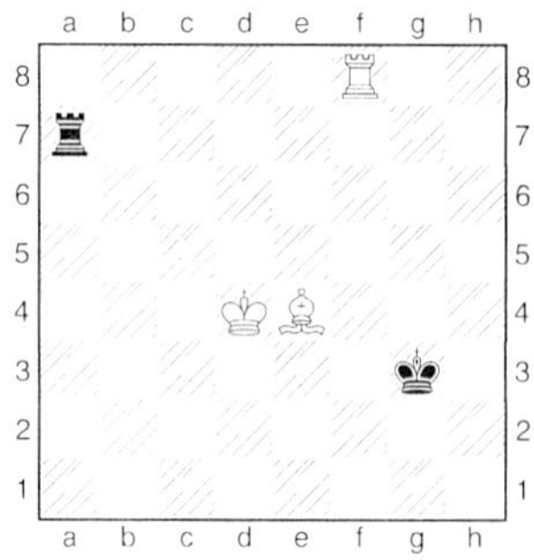

1.♔e3 ♖a3+ 2.♗d3 ♖b3 3.♖g8+ ♔h3! [Posição de Cochrane. As pretas perderiam após 3...♔h4? 4.♔f4! ♖b4+ 5.♗e4! ♖b5 6.♖g7 ♖a5 7.♖g2 ♖a3 8.♗c2 ♖c3 9.♗f5 ♖c4+ 10.♗e4! ♖c3 11.♖g4+ ♔h3 12.♖g6 ♔h2 13.♖g2+ ♔h3 14.♖d2 ♖c4 15.♖d1+–]

4.♔e4 ♔h2 [O princípio defensivo é mover o rei para o lado oposto do rei que busca oposição para ameaçar xeque-mate.]

5.♗e2 ♖g3! [Liberando o rei preto da coluna h.]

6.♗g4 ♖a3 [As pretas poderiam manter a opção de defender-se com a torre na segunda fila. 6...♖g2=]

7.♗f3 ♖a4+ 8.♔e3 ♖b4 [Se 8...♖a3+ 9.♔f4 ♖a6! *(9...♖a7? 10.♗d5! ♖a4+ 11.♗e4+–)* 10.♗e4 ♖f6+! chega-se à mesma posição da partida.]

9.♗e4 ♖b6! [As brancas ganhariam um tempo para aproximar o rei e coordenar as peças após o xeque das pretas com 9...♖b3+? 10.♔f4! ♖a3 11.♖g2+ ♔h3 12.♖g1 ♔h4 13.♖g6 ♖a5 14.♗c6 ♖c5 15.♗f3 ♖c4+ 16.♗e4! ♖c5 17.♖g4+ ♔h5 18.♖g2 ♔h6 19.♖g6+ ♔h5 20.♖d6 ♖c4 21.♖d7+–]

10.♔f4 [10.♖g2+ ♔h3 11.♔f4 ♖f6+!=]

10...♖f6+! [As pretas não podem permitir que o bispo branco permaneça em e4 para apoiar o xeque da torre branca em g2, por exemplo: 10...♖h6? 11.♖g2+! ♔h3 12.♖a2 ♖h4+ *(12...♖f6+ 13.♗f5+!+–)* 13.♔f3! ♖h5 14.♖a1 ♔h2 15.♔f2 ♔h3 16.♗f3+–]

11.♗f5 ♖f7 12.♖g5 ♖a7 [As pretas poderiam permanecer com a torre na coluna f para continuar cravando o bispo branco após 12...♖f8=]

13.♖h5+ ♔g2 14.♗e4+ ♔f2 15.♖h2+ ♔g1 [Seria um erro jogar 15...♔e1? pois as brancas conseguiriam a oposição de reis e coordenar as peças após 16.♔e3! ♖f7 17.♖c2 ♖d7 18.♖b2 ♖d8 19.♖g2 ♖f8 20.♗g6 ♖f6 21.♗d3 ♖e6+ 22.♗e4! ♖f6 23.♖e2+ ♔f1 24.♖c2 ♔g1 25.♖g2+ ♔f1 26.♖g5 ♖e6 27.♖h5+–]

16.♖g2+ ♔f1 17.♖d2

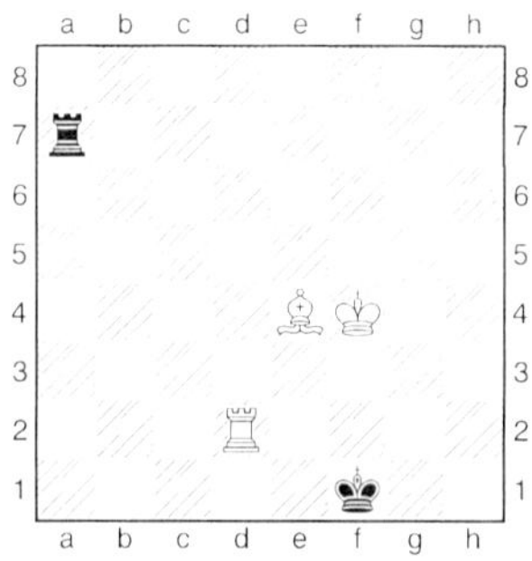

A única maneira de defender a posição é impedir a oposição de reis na coluna g com xeque à distância. Portanto, pode parecer paradoxal se aproximar no canto do tabuleiro mas é a única maneira de defender a posição.

17...♔g1! [As brancas ganhariam um tempo para aproximar o rei e coordenar as peças após o xeque das pretas com 17...♖f7+? 18.♔e3! ♔g1 19.♖a2 ♖f8 20.♖g2+ ♔f1 21.♖h2 ♔e1 22.♖c2 ♖d8 23.♗c6 ♖d6 24.♗f3 ♖e6+ 25.♗e4! ♖d6 26.♖c2+ ♔d1 27.♖g2 ♔c1 28.♖c2+ ♔d1 29.♖c5 ♖e6 30.♖b5+–; As brancas ganhariam um tempo para deixar os reis em oposição e coordenar as peças após 17...♖c7? 18.♔f3! ♔g1 *(18...♖c3+ 19.♗d3+! ♔e1 20.♔e3! ♖c7 21.♖g2 ♖e7+ 22.♗e4!+–)* 19.♖g2+ ♔h1 20.♖g8 ♖f7+ 21.♔g3+! ♔g1 22.♗d3! ♖e7 *(22...♖f6 23.♖e8+–)* 23.♔f3+ ♔h2 24.♖h8+ ♔g1 25.♗e4 ♖a7 *(25...♖f7+ 26.♔e3!+–)* 26.♖g8+ ♔h2 *(26...♔f1 27.♔e3+–)* 27.♗d5 ♖a3+ 28.♔f4! ♖g3 29.♖a8 ♖h3 30.♖a1! ♖h4+ 31.♔f3! ♖b4 32.♖a2+ ♔h3 33.♗e4! ♔h4 (se *33...♖b3+ 34.♔f4! ♔h4 35.♖a8* ver 35.♖a8*)* 34.♔f4 ♖b3 35.♖a8 ♖b5 36.♖g8 ♖a5 37.♖g2 ♖a3 38.♗c2 ♖c3 39.♗f5 ♖c4+ 40.♗e4! ♖c3 41.♖g4+ ♔h3 *(41...♔h5 42.♖g7+–)* 42.♖g6 ♔h2 43.♖g2+ ♔h3 44.♖d2 ♖c4 45.♖d1+–; As brancas ganhariam um tempo para aproximar o rei e coordenar as peças após 17...♖g7? 18.♔e3! ♔e1 19.♖a2 ♖d7 20.♖b2 ♖d8 21.♖g2 ♖f8 *(21...♔f1 22.♖h2+–)* 22.♗g6 ♖f6 23.♗d3 ♖e6+ 24.♗e4! ♖f6 25.♖e2+ ♔f1 *(25...♔d1*

26.♖b2+–) 26.♖a2 ♔g1 27.♖g2+ ♔f1 28.♖g5 ♖e6 29.♖h5+–; Se 17...♖a3? as brancas bloqueriam os xeques laterais e ganhariam um tempo para aproximar o rei após 18.♗d3+! ♔e1 *(18...♔g1 19.♔g3 ♖a1 20.♗e2 ♖c1 21.♖b2 ♖a1 22.♗f3 ♔f1 23.♖h2+–)* 19.♔e3! ♖a8 20.♖e2+ ♔d1 21.♖h2 ♔c1 *(21...♖e8+ 22.♗e4! ♔c1 23.♖c2+! ♔d1 24.♖c5 ♖e7 25.♖h5 ♔c1 26.♖b5!+–)* 22.♖c2+! ♔d1 23.♖c5 ♖e8+ 24.♗e4! ♖e7 25.♖h5 ♔c1 26.♖b5+–]

18.♔f3 ♖a3+! [As brancas ganhariam um tempo para aproximar o rei e coordenar as peças após o xeque das pretas com 18...♖f7+? 19.♔e3! ♖f8 20.♖g2+ ♔f1 21.♖h2 ♔e1 22.♖c2 ♖d8 23.♗c6 ♖d6 24.♗f3 ♖e6+ 25.♗e4! ♖d6 26.♖e2+ ♔d1 *(26...♔f1 27.♖h2+–)* 27.♖g2 ♔c1 28.♖c2+ ♔d1 29.♖c5 ♖e6 30.♖b5+–]

19.♗d3

A única maneira de defender a posição é o controle da primeira fila pela torre que proporciona tanto o xeque à distância como a cravada do bispo.

19...♖a8! [19...♖a7? 20.♖g2+! ♔h1 21.♖g5 ♔h2 *(21...♖f7+ 22.♔g3 ♔g1 23.♖g8+–)* 22.♗e4 ♖f7+ 23.♗f5! ♖b7 24.♖g2+ ♔h1 25.♖g8 ♖f7 26.♖g5 ♖b7 27.♗e6 ♖b6 28.♖e5 ♖c6 29.♗f5! ♖a6 30.♖e1+ ♔h2 31.♗e4 ♖a7 32.♖e2+! ♔g1 33.♖g2+ ♔h1 34.♖g8 ♖f7+ 35.♔g3+! ♔g1 36.♗d3!+–; 19...♖a5? 20.♖g2+ ♔h1 21.♖g8 ♔h2 22.♗e4 ♖a7 23.♗d5 ♖a3+ 24.♔f4! ♖g3 25.♖a8 ♖h3 26.♖a1! ♖h4+ 27.♔f3! ♖b4 28.♖a2+ ♔h3 29.♗e4! ♖b3+ 30.♔f4! ♔h4 31.♖a8 ♖b5 32.♖g8 ♖a5 33.♖g2 ♖a3 34.♗c2 ♖c3 35.♗f5 ♖c4+ 36.♗e4! ♖c3 37.♖g4+ ♔h3 *(37...♔h5 38.♖g7+–)* 38.♖g6 ♔h2 39.♖g2+ ♔h3 40.♖d2 ♖c4 41.♖d1+–]

20.♖g2+ ♔h1 21.♗e4 ♖f8+ [As pretas também poderiam empatar com 21...♖a3+ 22.♔f4 ♖f3+!!=]

22.♔e2 ♖e8!= [posição final da maratônica partida de 191 lances com mais de 20 horas de duração que terminou em empate (pela regra de 50 lances após a última captura).]

½–½

CAPÍTULO 8
Torre e cavalo contra torre

L. Centurini
La Régence 1887

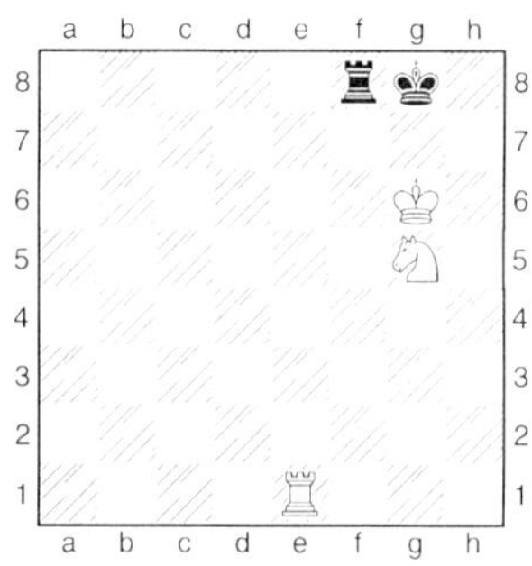

A única possibilidade de vitória no final de torre e cavalo contra torre ocorre na situação do rei em desvantagem material estar no canto do tabuleiro e a torre, mal posicionada, não conseguir cravar o cavalo para conseguir o empate.

1...♖f2 [1...♖a8 2.♘h7 ♖c8 3.♖e7+–; 1...♖f4 2.♖a1 ♖f2 *(2...♔f8? 3.♘e6++–)* 3.♘e4 com a mesma posição após 7.♘e4]

2.♖e4 ♖f1 3.♖e2 ♖f4 4.♖a2 ♖f1 [4...♔f8? 5.♘e6++–]

5.♖a8+ ♖f8 6.♖a1 ♖f2 [6...♖b8 7.♘h7 ♖b6+ 8.♘f6+ ♔f8 9.♖a7+–]

7.♘e4 ♖g2+ 8.♔f6! ♔h8 [8...♔h7 9.♘g5++–]

9.♖b1 ♖g4 [9...♔g8 10.♖b8+ ♔h7 11.♘g5++–]

10.♘g5 ♖f4+ 11.♔g6! ♔g8 12.♘e6 ♖g4+ 13.♔f6! ♔h8 [13...♖g2 14.♖b8+ ♔h7 15.♘g5++–]

14.♖b8+ ♖g8 [14...♔h7 15.♘g5++–]

15.♘f8 ♖g1 16.♘g6+ ♔h7 17.♖h8#!

Estudo de Final

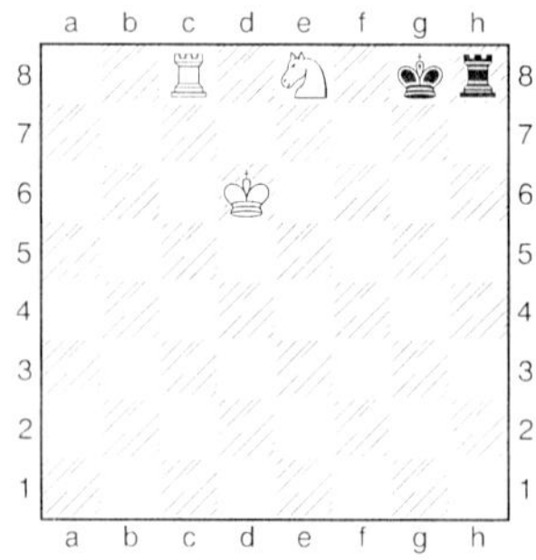

Outro exemplo que mostra a importância do posicionamento do rei para coordenar as peças contra o rei no canto do tabuleiro com a torre mal posicionada.

1.♔e6! ♔h7 [1...♖h6+ 2.♘f6+! ♔g7 3.♖g8#!; 1...♖h1 2.♘f6+! ♔g7 3.♖g8+! ♔h6 4.♖h8++–; 1...♖h4 2.♘f6+! ♔g7 3.♖g8+! ♔h6 4.♔f7+–; 1...♔f8 2.♖a8 ♔g8 *(2...♖h1 3.♘f6+!+–)* 3.♖a7 ♖h4 (3...♖h1 4.♘f6+! ♔h8 *(4...♔f8 5.♖f7#)* 5.♖a8+ ♔g7 6.♖g8+ ♔h6 7.♖h8++–) 4.♘f6+! ♔h8 5.♖a8+ ♔g7 6.♖g8+! ♔h6 7.♔f7+–]

2.♖c1 ♖f8 [As pretas não podem aceitar o sacrifício de cavalo com 2...♖xe8+ pois perderiam a torre diante da ameaça de xeque-mate após 3.♔f7!+–]

3.♘f6+! ♔h6 [3...♔g6 4.♖g1+! ♔h6 5.♔f5+–; 3...♔g7 4.♖g1+! ♔h8 *(4...♔h6 5.♔f5+–)* 5.♔f5 ♖d8 *(5...♖a8 6.♖h1+ ♔g7 7.♖h7+! ♔f8 8.♖h8++–)* 6.♖h1+ ♔g7 7.♖h7+! ♔f8 8.♔g6+– *(8.♔e6?? ♖d6+!=)*]

4.♖h1+! ♔g7 [4...♔g5 5.♘h7+!+–; 4...♔g6 5.♖g1+! ♔h6 6.♔f5+–]

5.♖g1+! ♔h8 [5...♔h6 6.♔f5+–]

6.♔f5 ♖d8 [6...♖a8 7.♖h1+ ♔g7 8.♖h7+! ♔f8 9.♖h8++–]

7.♖h1+ ♔g7 8.♖h7+! ♔f8 9.♔g6+–

Posição de Análise - K. Müller

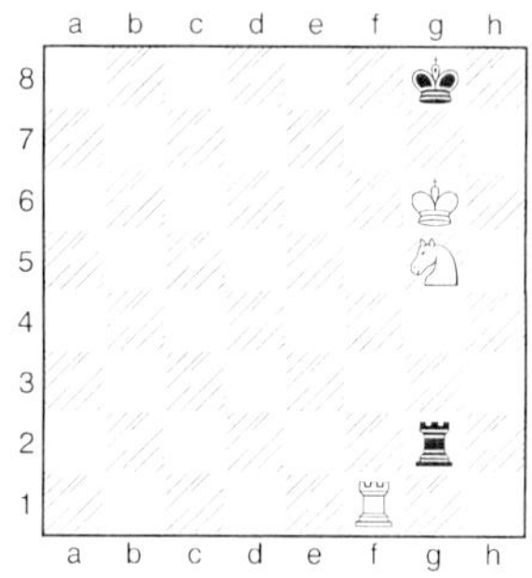

O posicionamento defensivo da torre cravando o cavalo adversário leva ao empate, mesmo com o rei no canto do tabuleiro.

1.♔f6 ♖a2 [1...♖g3? 2.♖a1+–; 1...♖g4? 2.♖a1 ♖f4+ 3.♔g6! ♖f2 4.♘e4 ♖g2+ 5.♔f6! ♔h8 *(5...♖g4 6.♖a8+ ♔h7 7.♘g5++–)* 6.♖d1 ♖g4 *(6...♔g8 7.♖d8+ ♔h7 8.♘g5++–)* 7.♘g5 ♖f4+ 8.♔g6! ♔g8 9.♘e6 ♖g4+ 10.♔f6!+–]

2.♘e6 ♖g2 [As pretas podem cravar o cavalo adversário de maneira lateral com 2...♖a6=]

3.♘d4 ♖a2 4.♖g1+ ♔f8 [As pretas perderiam com o rei no canto do tabuleiro com 4...♔h8? pois as brancas poderiam manobrar o cavalo após 5.♘f5! ♖f2 6.♖g5 ♖f1 7.♔f7 ♖h1 8.♖g8+ ♔h7 9.♖g4 ♖h2 *(9...♔h8 10.♖f4 ♔h7 11.♘g3 ♖h2 12.♘e4 ♔h6 13.♖g4 ♖h1 14.♘f6 ♖g1 15.♘g8+!+–)* 10.♖f4 ♖h3 11.♘e7 ♔h6 12.♖f5 ♖h4 *(12...♖g3 13.♘g8+!+–)* 13.♘g8+ ♔h7 14.♖g5 ♖f4+ 15.♘f6++–]

5.♘e6+ ♔e8 6.♖d1 ♖f2+!= [e as pretas conseguem o empate com o xeque à distância.]

J. Polgar - G. Kasparov

Dos Hermanas 1996

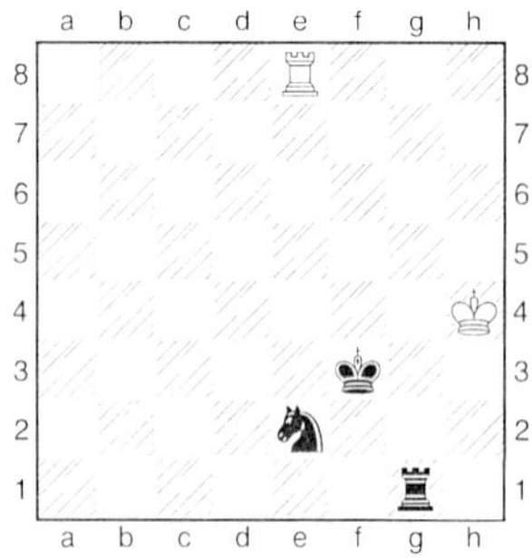

O estudo deste tipo de final tornou-se relevante quando Kasparov derrotou Judit Polgar e demonstrou que deve haver cuidados defensivos que são necessários para garantir o empate.

1.♔h5 [As brancas poderiam obter o empate com a manobra 1.♖f8+!? ♘f4 2.♖g8! ♖h1+ *(2...♖xg8=* com empate por afogamento*)* 3.♔g5 ♖g1+ 4.♔h4! ♘g6+ *(4...♘g2+ 5.♔h5! ♘f4+ 6.♔h4!=)* 5.♔h5 ♔f4 6.♖g7 ♔f5 7.♖f7+!=]

1...♘g3+ 2.♔h6 [As brancas perderiam após 2.♔h4? ♘f5+! 3.♔h5 *(3.♔h3 ♖h1#)* 3...♘g7+!–+; Outra maneira de manter a posição empatada seria jogar 2.♔g6 ♘e4+ 3.♔h6!= com a ideia de dar xeque à distância com a torre pela coluna f.]

2...♘f5+ 3.♔h7! [3.♔h5? ♘g7+!–+]

3...♔f4 4.♖b8 [4.♖g8? ♖h1+! 5.♔g6 ♘e7+–+]

4...♖g7+ 5.♔h8 ♖d7

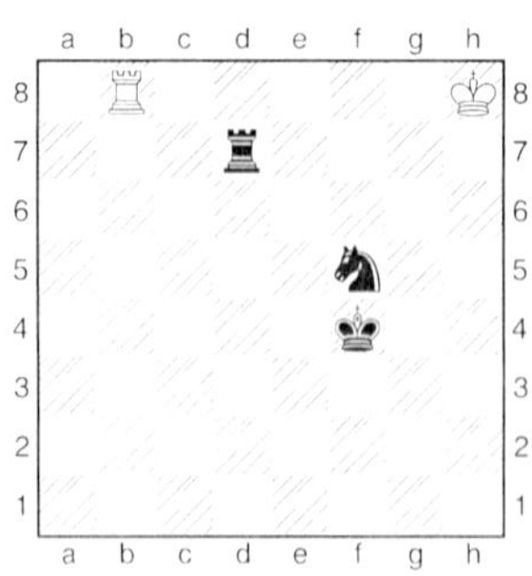

6.♖e8 [As brancas não podem cravar o cavalo frontalmente, pois o rei preto conseguiria escapar rapidamente após 6.♖f8? ♔g5! 7.♖a8 ♔g6! 8.♖g8+ *(8.♖b8 ♖h7+ 9.♔g8 ♘e7+ 10.♔f8 ♖h8+–+)* 8...♔h6 9.♖g1 ♖d8+! 10.♖g8 ♖d3 11.♖g1 *(11.♖g4 ♖f3 12.♖g1 ♖f2 13.♖g2 ♖f1 14.♖g1 ♖f3 15.♖g4 ♘e7* ver 12...♘e7*)* 11...♖f3 12.♖g4 *(12.♔g8 ♘e7+! 13.♔h8 ♖f8+ 14.♖g8 ♘g6#)* 12...♘e7 13.♖h4+ ♔g6! *(13...♔g5?? 14.♖h6!!=)* 14.♖g4+ *(14.♖h6+ ♔f7! 15.♖h7+ ♔f8 16.♖h1 ♘g8 17.♔h7 ♔f7 18.♔h8 ♘f6–+)* 14...♔f7 15.♖g7+ ♔f8–+]

6...♔g5 7.♖e6 ♘d4 8.♖e1 [As brancas poderiam manter o rei preto cortado e manter a posição empatada após 8.♖b6 ♖e7 *(8...♔f5 9.♔g8 ♘e6 10.♖b1 ♔g6 11.♖g1+! ♘g5 12.♔f8!=)* 9.♔g8 ♘e6 10.♖b1 ♔g6 11.♖g1+! ♘g5 12.♔f8!=]

8...♔f6 9.♖d1?! [Uma opção melhor seria dar xeque à distância com o objetivo de manter o cavalo cravado após 9.♖f1+ ♘f5 *(9...♔e6 10.♖e1+=; 9...♔g6 10.♖g1+=)* 10.♔g8 ♖g7+ 11.♔f8! *(11.♔h8? ♖g5–+)* 11...♖a7 12.♔e8 ♔e6 13.♔d8=]

9...♖d5!?

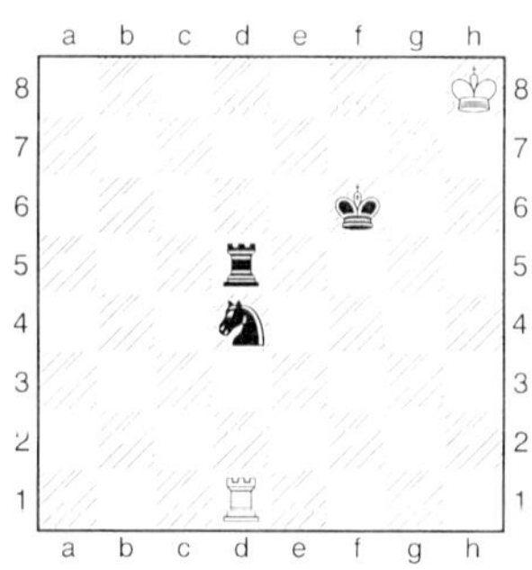

Agora as pretas encontram-se diante de uma difícil posição.

10.♖a1? [As brancas sucumbem à pressão e cometem um grave erro, mas também perderiam após 10.♖h1? ♘f3! 11.♖h6+ ♔f7! 12.♖h7+ ♔g6 13.♖g7+ ♔f6 14.♖g4 *(14.♖g8? ♖h5#)* 14...♘g5 15.♖f4+ ♔g6! 16.♔g8 ♘e6 17.♖g4+ ♔f6! 18.♔h7 ♘g5+ 19.♔h6 ♘f7+! 20.♔h7 ♖h5+ 21.♔g8 ♖h8#; A única alternativa de empate era manter o cavalo cravado após 10.♖f1+! ♘f5 11.♖f2 ♔g6 *(11...♖d4 12.♔g8!=)* 12.♖g2+! ♔f7 13.♖f2! ♖d8+ 14.♔h7 ♔f6 15.♖f1=]

10...♘e6! [Agora as pretas podem manobrar a torre.]

11.♖a6 [As brancas perderiam rapidamente após 11.♔h7 ♘g5+! 12.♔h6 ♘f7+!–+; 11.♖f1+ ♔g6! 12.♖g1+ ♘g5–+; Se 11.♖a8 ♔f7 12.♖a7+ ♔g6 haveria a mesma posição da partida.]

11...♔f7 12.♖a7+ ♔g6 13.♖a8 ♖d7 [13...♖d6 14.♔g8 ♘c7 15.♖b8 ♘d5 16.♔f8 ♖d7 17.♖a8 ♘f6–+]

14.♖b8 ♖c7 15.♔g8 ♖c5 16.♖a8 ♖b5 17.♔h8 ♖b7 18.♖c8

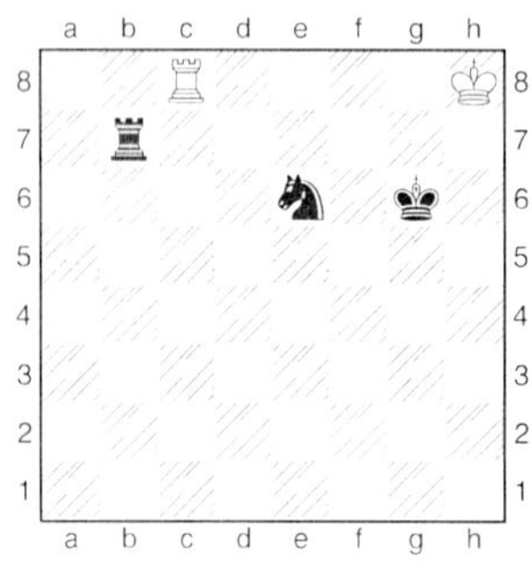

Chegou-se a uma posição idêntica a um outro estudo de L. Centurini (La Régence 1850).

18...♘c7?! [A manobra ganhadora das pretas ocorreria com 18...♖b6 19.♔g8 ♘g5 20.♔f8 ♖e6! 21.♔g8 *(21.♖c7 ♘h7+!–+)* 21...♘h7 22.♖a8 ♖b6 23.♖c8 ♖b7 24.♔h8 ♘f6–+]

19.♖g8+ ♔h6! 20.♖g1?! [As brancas poderiam jogar 20.♖f8!? o que obrigaria as pretas a encontrar a manobra ganhadora com 20...♖b6 *(20...♘d5?? 21.♖f6+!=)* 21.♔g8 ♔g6! 22.♖d8 ♘e6 23.♖e8 ♖a6 24.♖c8 ♘g5 25.♔f8 ♖e6! 26.♔g8 *(26.♖c7 ♘h7+!–+)* 26...♘h7 27.♖a8 ♖b6 28.♖c8 ♖b7 29.♔h8 ♘f6–+]

20...♖b8+! 21.♖g8 ♘e8 [21...♘e8 22.♖f8 ♔g6 23.♖g8+ ♔f7 24.♔h7 *(24.♖g1 ♘f6+ 25.♖g8 ♖xg8#)* 24...♖b5–+]

0–1

A. Onischuk - L. Dominguez

Biel 2008

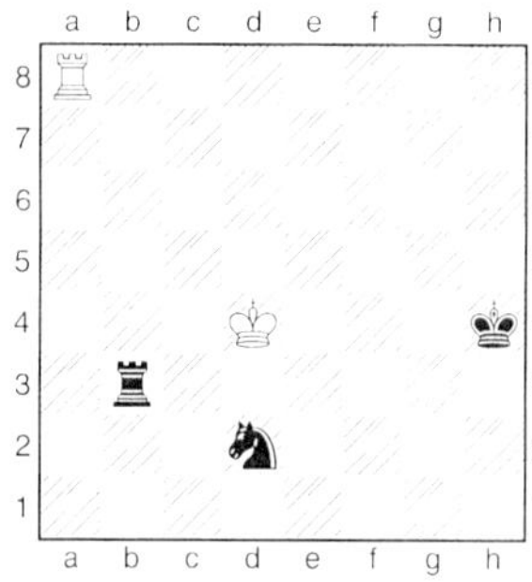

Outro exemplo que mostra a necessidade de tomar cuidado no final de torre e cavalo contra torre.

1.♖g8 ♘f3+ 2.♔c4 ♖b1 3.♔d5 ♘g5 [As pretas utilizam uma interessante manobra de cavalo tanto para o rei sair da coluna h como para mover-se até a coluna d.]

4.♔e5 ♔g4 5.♔d4 ♖d1+ 6.♔e5 ♖e1+ 7.♔d5 ♖e7 8.♔d4 ♔f5 9.♖f8+ ♘f7 10.♖a8 ♔f4 11.♖f8 ♖d7+ 12.♔c5 ♔e4 13.♖a8 ♖c7+ 14.♔b4 ♔d4 15.♔b3 ♘e5 16.♖d8+ ♘d7 17.♔b2 ♔d3 18.♖h8 ♖b7+ 19.♔c1 ♘c5 20.♖h3+ ♔d4 21.♔c2 ♖c7 22.♖h4+ ♘e4+ 23.♔b3 ♖c8 24.♔b2 [As brancas poderiam manter o cavalo cravado com 24.♖g4=]

24...♖g8 25.♔b3 ♖g2 26.♔b4 [As brancas poderiam manter o cavalo cravado com 26.♖f4=]

26...♖b2+ 27.♔a3 ♖b8 [As brancas dificultaram um pouco a defesa da posição, pois estão agora com o rei cortado na coluna a.]

28.♔a4 ♔d5 29.♔a3 ♘c5 30.♔a2 ♘e6 31.♔a3 ♘d4 32.♖h7 ♖b6 33.♔a2 [33.♖h8 ♔c4 34.♖c8+ ♔d3 *(34...♘c6 35.♖h8=)* 35.♖c1= *(35.♖d8?? ♔c3! 36.♖c8+ ♘c6! 37.♔a2 ♔c2! 38.♖a8 ♖b2+ 39.♔a1 ♖b1+ 40.♔a2 ♘b4+–+)*]

33...♔c4 34.♖c7+ ♔d3

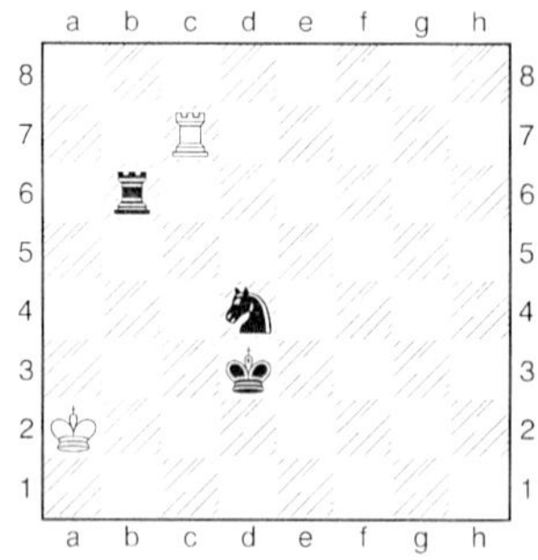

35.♖d7?? [O lance automático de torre para cravar o cavalo perde por motivos táticos. Seria melhor manter o rei branco cortado sem acesso à coluna c: 35.♖c8=; 35.♖c1=]

35...♔c2! 36.♔a3 [36.♖c7+ ♘c6!–+]

36...♘c6! 37.♔a4 ♖b4+! 38.♔a3 ♖b5

0–1

CAPÍTULO 9
Torre e cavalo contra torre e cavalo

J. Emms - K. Müller
Bundesliga 2000/2001

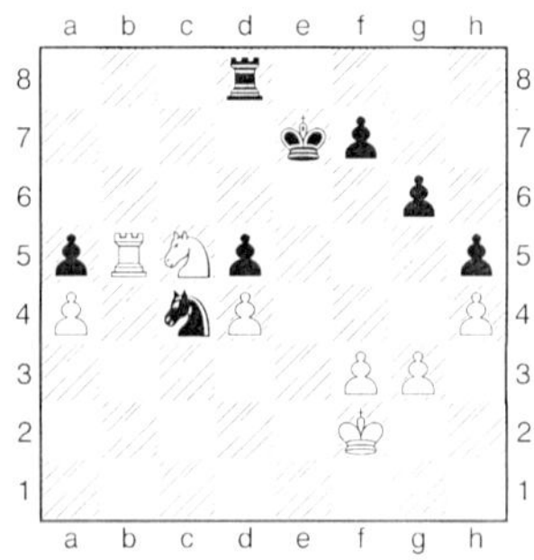

As brancas possuem vantagem posicional e as peças estão mais ativas neste final de torre e cavalo contra torre e cavalo. As pretas estão diante de um dilema sobre como continuar a posição.

1...♖d6 [As pretas também ficariam inferiores após 1...♖c8 2.♘d3 ♘d6 3.♖xa5 ♖c4 4.♘f4 ♖xd4 5.♘xd5+ ♔f8 6.♘e3±]

2.♘d3± ♖b6 3.♖xd5 ♖b3 [As brancas estão com um peão de vantagem e as peças estão em posições ativas.]

4.♘e5! ♖b2+ [4...♘xe5 5.♖xe5+ ♔d6 *(5...♔f6 6.♖xa5+–)* 6.♖xa5+–; 4...♔e6 5.♖c5 ♖b2+ 6.♔e1 ♘d6 *(6...♖b1+ 7.♔e2 ♘d6 8.♘d3±)* 7.♖xa5 ♘f5 8.♘d3 ♖b1+ 9.♔f2±]

5.♔e1 ♘e3 [5...♔e6 6.♖c5 ♖b1+ 7.♔e2 ♘d6 8.♘d3±]

6.♖xa5 [Não vale a pena forçar a troca dos cavalos para jogar o final de torres após 6.♘xg6+ fxg6 7.♖e5+ ♔d6 8.♖xe3 ♖b4 9.♖e5 ♖xa4 10.♔f2 ♖xd4 11.♖xa5 ♔e6 12.♔e3±]

6...♘f5 [Agora as brancas estão com dois peões de vantagem, embora continuem com o rei cortado na primeira fila.]

7.♖a7+ [As brancas poderiam avançar o peão central com 7.d5 ♖b1+ *(7...♖g2?! 8.♘c4! ♖xg3 9.d6+! ♔e6 10.♖e5+! ♔d7 11.♖d5!+–)* 8.♔f2 ♖b2+ 9.♔g1 ♔f6 10.♘c4 ♖c2 *(10...♖b4 11.♖a6+ ♔g7 12.♘e5±)* 11.♖a6+ ♔g7 12.♘e5±]

7...♔e6

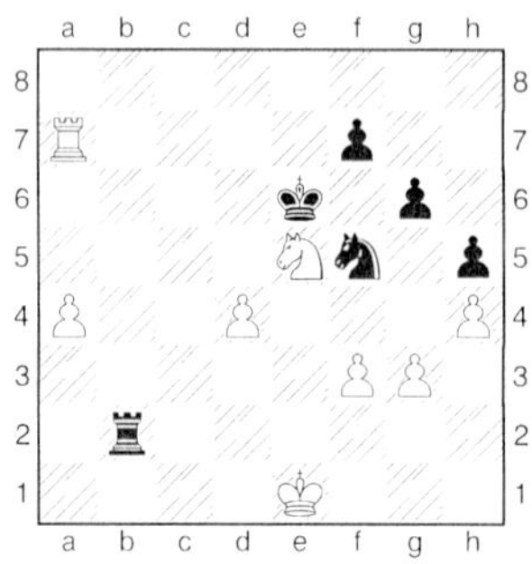

8.♘xf7?! [Um equívoco também a captura do peão com a torre: 8.♖xf7? ♘xd4! 9.f4 ♘f3+ 10.♘xf3 ♔xf7∓; As brancas poderiam manter uma clara vantagem ao jogar de maneira mais ativa e manobrar o cavalo com 8.♘d3! ♖b1+ 9.♔f2 ♖a1 *(9...♘xd4 10.g4+–)* 10.♘f4+ ♔f6 11.♘d5+ ♔e6 12.♘c3 ♘xd4 13.♔e3±]

8...♘xg3 [A outra opção das pretas seria capturar o peão central com 8...♘xd4 9.♘g5+ ♔d5 10.a5 ♖a2 11.a6 ♘f5 12.♖a8 ♘xg3 13.♘f7 ♘f5 14.a7 ♘xh4 15.♖d8+ ♔e6 16.a8♕ ♖xa8 17.♖xa8 ♔xf7 18.♔f2±]

9.♘g5+ [Era melhor centralizar o cavalo para atacar os peões da ala do rei após 9.♘e5 ♘f5 10.♖a6+ ♔d5 11.♘xg6 ♘xd4 12.♖a5+ ♔e6 13.♘f4+ ♔e7 14.♔d1 ♘xf3 15.♔c1±]

9...♔d5! 10.♖d7+ ♔c4!

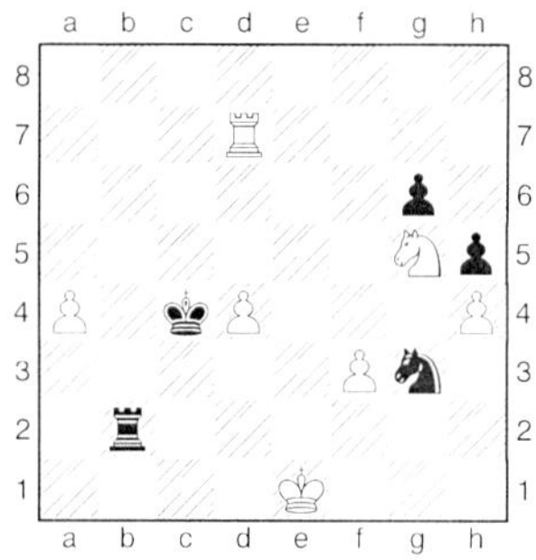

O rei preto ativo compensa os dois peões de desvantagem e, além disso, a estrutura de peões das brancas são quatro ilhas.

11.d5 [11.♘e4 ♘e2! 12.d5 *(12.a5 ♖a2 13.d5 ♘d4 14.d6 ♘xf3+ 15.♔d1 ♖xa5 16.♖c7+ ♔d5 17.d7 ♔xe4 18.♖c4+ ♔e5 19.d8♕ ♖d5+ 20.♕xd5+ ♔xd5 21.♖a4 ♔e5=)* 12...♘d4 13.d6 ♘xf3+ 14.♔d1 ♘e5 15.♖e7 ♔d5 16.a5 ♖a2 17.♘c3+ *(17.♖xe5+ ♔xe5 18.d7 ♖xa5 19.d8♕ ♖d5+ 20.♕xd5+ ♔xd5=* Δ ♔e5–f4–g4*)* 17...♔xd6 18.♘xa2 ♔xe7 19.a6 ♘c6 20.♘b4 *(20.♔e2 ♔d6 21.♘b4 ♘a7=* Δ ♔c5*)* 20...♘a7 21.♔e2 ♔d6= Δ ♔c5]

11...♖e2+ [Seria mais ativo jogar 11...♔d3! para restringir a ação do rei branco após 12.♖c7 *(12.♖e7? ♘f5! 13.♖e4 ♘e3!–+)* 12...♘h1! 13.♔f1 *(13.♖c1 ♘g3=)* 13...♘g3+ 14.♔g1 *(14.♔e1 ♘h1=)* 14...♘e2+=]

12.♔d1 ♔d3 [12...♖a2 13.d6 ♔d5 *(13...♔d3? 14.♖c7!+–)* 14.♖d8 ♖xa4 15.♔e1 ♖f4 *(15...♖xh4? 16.♔f2 ♘f5 17.♘e4+–)* 16.d7 ♔d6 17.♘h7 ♖xf3 18.♘f8 ♖xf8 19.♖xf8 ♔xd7 20.♖f4±]

13.♔c1 ♖a2? [As pretas poderiam defender melhor a posição com 13...♖e8 14.♖b7 ♘e2+ *(14...♖d8? 15.♖b5!+–* Δ ♘e6*)* 15.♔b2 ♘c3 *(15...♖d8? 16.♖b5! ♔c4 17.♘f7 ♖xd5 18.♘e5+! ♔d4 19.♖xd5+ ♔xd5 20.a5+–)* 16.♖b3 *(16.d6 ♘xa4+ 17.♔a3 ♘c5 18.♖c7 ♔d4! 19.d7 ♖d8 20.♖xc5 ♔xc5 21.♘e6+ ♔d6 22.♘xd8 ♔xd7 23.♘f7 ♔e6!=)* 16...♖e2+ 17.♔a3 ♔c4! *(17...♖a2+? 18.♔b4 ♖xa4+ 19.♔c5+–)* 18.♖b4+ ♔xd5 19.a5 ♖e3 20.a6 ♔c5 21.♖b7± Δ ♔b2]

14.♔b1? [As brancas perderam um importante tempo, pois era necessário preparar o imediato avanço do peão passado com 14.♖c7! ♘e2+ *(14...♖xa4 15.d6! ♘e2+ 16.♔b2 ♖b4+ 17.♔a3 ♖d4 18.d7 ♘f4 19.♘f7 ♘e6 20.♖c8+–)* 15.♔b1 ♖xa4 16.♘e4! ♖b4+ *(16...♖d4 17.d6+–)* 17.♔a2 ♖d4 *(17...♘f4 18.♘c5+ ♔e3 19.d6! ♖d4 20.d7+–; 17...♖b8 18.d6! ♖a8+ 19.♔b2 ♖b8+*

20.♔a3+–) 18.d6! ♘f4 *(18...♔e3 19.♖e7 ♔xf3 20.d7+–)* 19.♘c5+ ♔e3 20.d7+–]

14...♖xa4!

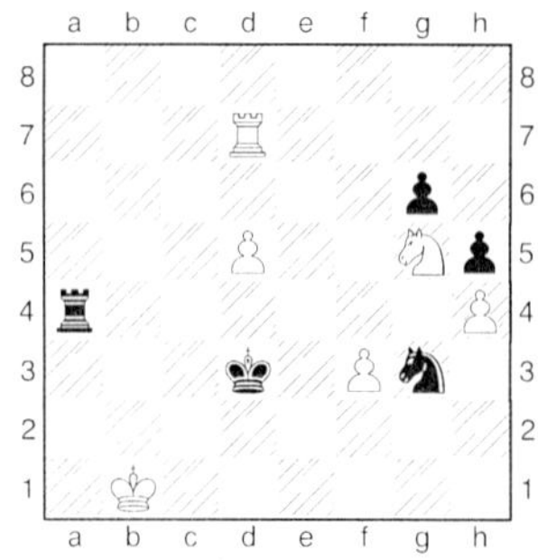

15.d6 ♘e2? [As pretas poderiam atacar o peão por trás e garantir o empate com 15...♖d4! 16.♖d8 *(16.♘e6 ♖b4+! 17.♔a2 ♖b6=)* 16...♘e2 17.♘e4 ♘c3+! 18.♘xc3 ♔xc3 19.d7 *(19.♔c1!? ∆ d7)* 19...♔d2=]

16.♘e4? [As brancas permitiram a troca dos cavalos. Necessário era preparar o imediato avanço do peão passado com 16.♖b7! ♘c3+ *(16...♖d4 17.d7 ♘c3+ 18.♔c1! ♘e2+ 19.♔b2 ♘f4 20.♘f7 ♘e6 21.♖b8 ♔d2 22.♘e5 ♖d5 23.f4 ♔e3 24.♖e8+–)* 17.♔b2 ♖a2+ *(17...♖d4 18.♖b3+–)* 18.♔b3 ♖a1 19.d7! ♖b1+ 20.♔a3 ♖xb7 21.d8♕+ ♔c2 22.♕g8!+– ∆ ♘e4]

16...♘c3+! 17.♘xc3 ♔xc3 18.♖c7+ [18.♖d8 ♖d4 19.d7 *(19.♔c1!? ∆ d7)* 19...♔d2=]

18...♔b3 19.♖b7+ [19.♖e7 ♔c3 *(19...♖d4? 20.♖e3+! ♔c4 21.♖e4!+–)* 20.d7 ♖d4=]

19...♔c3 20.♖c7+ ♔b3 21.d7 ♖d4 22.♔c1 ♖d6 23.f4 ♖d5 24.♖b7+ ♔c3 25.♖c7+ ♔b3 26.♖c6 ♖xd7 27.♖xg6 ♖f7 28.♖g5 ♖xf4 29.♖xh5 ♔c3 30.♖c5+ [30.♔d1 ♔d3 31.♖d5+ ♖d4 32.♖xd4+ ♔xd4=]

30...♔b4 31.♖c8 ♖xh4 32.♔d2

½–½

R. Akesson - E. Gausel

Munkego (zonal) 1998

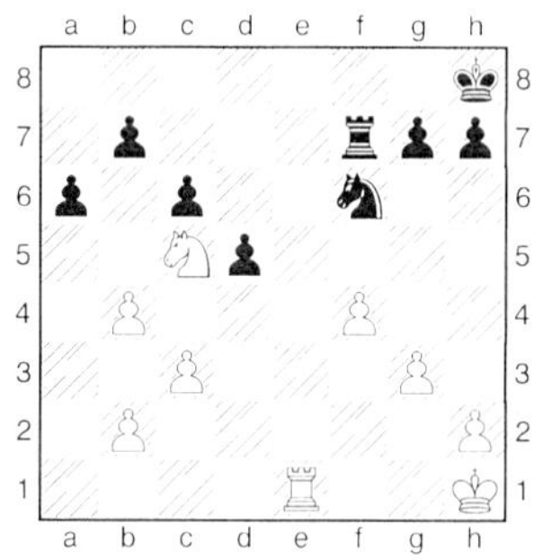

As brancas controlam a coluna central aberta com a torre e podem ganhar espaço na ala do rei com o avanço dos peões.

1.♖e6 ♔g8 2.♔g2 h5?! [Era melhor jogar 2...♖c7 3.♔f3 ♔f7 4.f5 ♘d7 5.♔f4±]

3.♔f3 ♖c7 4.h3 ♔f7 [O plano das brancas é ganhar espaço na ala do rei e restringir a ação das peças adversárias.]

5.f5! ♘d7 [5...g6 6.fxg6+ ♔xg6 7.♔f4 ♔f7 *(7...♔g7 8.♔e5+–)* 8.♔e5+–; 5...♘h7 6.♔f4 ♘f8 7.♖e2 g6 8.♔g5 gxf5 9.♔xf5+–]

6.♔f4 ♘f6 [As brancas ganhariam o final de torres após 6...a5 7.♘xd7! ♖xd7 8.bxa5 d4 9.cxd4 ♖xd4+ 10.♖e4! ♖d5 11.b4!+–; 6...♘xc5 7.bxc5 ♖d7 8.♔g5 d4 9.cxd4 ♖xd4 10.♖d6 ♖d5 11.b4+–]

7.g4 hxg4 8.hxg4 d4 [Sacrifício desesperado de peão numa posição perdida, mas as brancas recusam temporariamente o peão para impedir que o cavalo tenha acesso a posição mais ativa numa casa central.]

9.c4 b6 10.♘d3 ♘d7 11.♖d6 [As brancas poderiam ganhar espaço nas duas alas e capturar o peão preto central após 11.c5 ♖c8 12.g5 ♔f8 13.♔e4+–]

11...♔e7 [11...c5 12.bxc5 bxc5 *(12...♘xc5 13.♘e5+ ♔e7 14.♖xb6+–)* 13.♖xa6+–]

12.♖xd4 c5 13.bxc5 ♘xc5 [As brancas evitam a troca dos cavalos para manter mais recursos táticos com duas peças no final.]

14.♘e5 ♘b3 15.♖d3 ♘a5 16.b3 b5 17.cxb5 axb5 [A penetração do rei na ala do rei adversária para criar um peão passado define rapidamente a partida.]

18.♔g5 ♘b7 19.♔g6 ♔f8 20.g5 b4 21.f6 gxf6 22.gxf6

1–0

U. Andersson - M. Illescas

Pamplona 1997/98

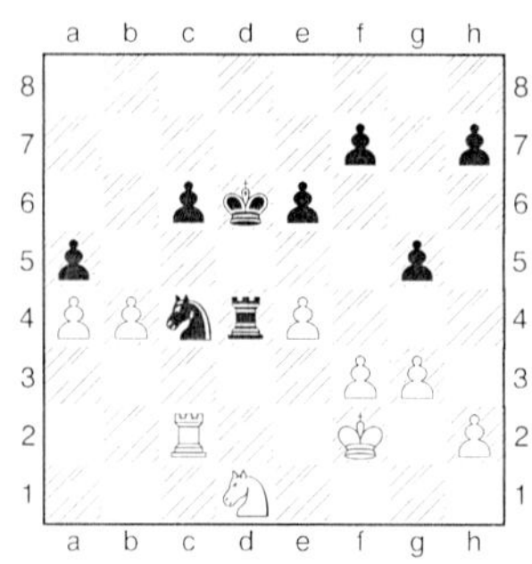

As peças pretas estão em posições ativas neste final de torre e cavalo contra torre e cavalo.

1.bxa5 [1.b5? cxb5 2.♘c3 b4! 3.♘b5+ ♔c5 4.♘xd4 ♔xd4–+ Δ b3]

1...♘xa5 2.♘c3 ♖c4 3.♔e3 e5! [As pretas fixaram a estrutura de peões no centro, ganharam espaço e restringiram a ação das peças brancas.]

4.h4 gxh4 5.gxh4 h5 [Não era necessário fixar a estrutura de peões na ala do rei. As pretas poderiam jogar de maneira mais flexível e levar o rei para uma posição mais ativa com 5...♔c5∓]

6.♔d3 ♖d4+ 7.♔e2 ♖c4 8.♔d3 ♖d4+ [As pretas repetiram os lances para atingir o controle de tempo.]

9.♔e2 ♖b4 [Diante da ameaça das pretas de atacar o peão branco em a4, as brancas conseguem contra-atacar ao ameaçar o peão preto em h5 com uma manobra de cavalo após 9...♘b3 10.♖b2 ♘c1+ 11.♔f1 ♘d3 12.♖b3 ♘c5 13.♖a3 ♔c7 (Δ ♔b6) 14.♘e2!= Δ ♘g3]

10.♖d2+ [As brancas poderiam reagrupar as peças e jogar 10.♖a2!? Δ ♘d1–e3]

10...♔c5!

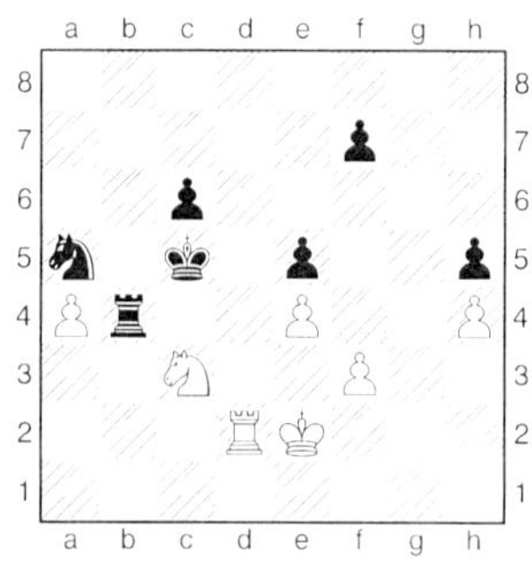

A penetração da torre branca permite a captura do peão preto, mas ela fica isolada sem poder participar da coordenação da defesa da posição branca, pois a torre preta pode controlar a sétima fila.

11.♖d7?! [Era melhor jogar 11.♖c2!? e manter a posição estática.]

11...♖b2+! [A penetração da torre na sétima fila é mais eficaz do que a opção de capturar o peão de torre após 11...♘b3 12.♖xf7 ♔d4 13.♘d1 ♖xa4∓]

12.♔d1 [12.♔f1 ♖b3! 13.♘e2 ♖xf3+ 14.♔g2 ♖f6∓; 12.♖d2 ♖xd2+ 13.♔xd2 ♘b3+! 14.♔e3 ♘d4! 15.a5 *(15.f4 ♔b4!∓ Δ c5)* 15...♘e6!∓]

12...♖h2 13.♖xf7 ♖xh4 [13...♔c4 14.♘e2 ♖xh4∓]

14.♘e2 ♖h1+

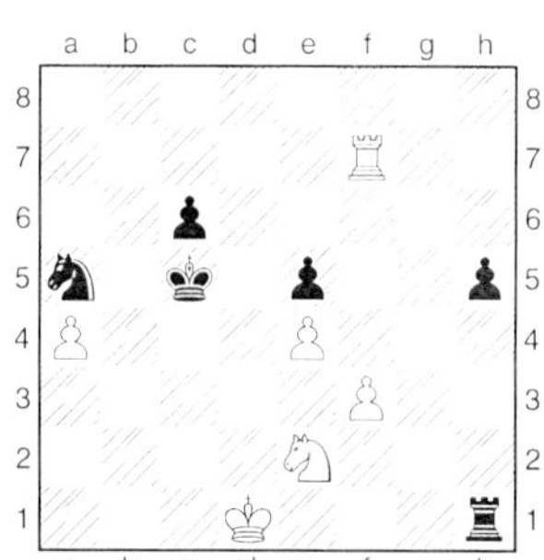

15.♔c2 [15.♔d2 ♘c4+! 16.♔c3 *(16.♔d3 h4–+; 16.♔c2 h4–+)* 16...♖e1 17.♔d3 h4 18.♖h7 ♖f1 19.♖xh4 ♔b4–+]

15...♘c4?! [As peças pretas ficariam em posições mais ativas após 15...♔c4! 16.f4 *(16.♖e7 ♖h2 17.♔d2 c5–+ Δ ♘c6)* 16...♖h2 17.♔d1 *(17.♔d2 ♘b3+ 18.♔e3 ♘d4 19.♘xd4 exd4+ 20.♔f3 d3∓)* 17...♔d3! 18.♖d7+ ♔xe4 19.fxe5 ♔xe5∓]

16.♖h7? [Agora as brancas poderiam jogar de maneira ativa com o cavalo após 16.♘c1! h4 *(16...♘e3+ 17.♔d2 ♖d1+ 18.♔xe3 ♖xc1=; 16...♖g1 17.♘b3+ ♔b4 18.♖b7+ ♔xa4 19.♔c3 ♘d6 20.♖a7+ ♔b5 21.♖a5+ ♔b6 22.♖xe5 h4=; 16...♖h2+? 17.♔c3±)* 17.♘b3+ ♔b6 18.♖e7 h3 19.♔c3 ♘a5 *(19...h2 20.♔xc4 ♖c1+ 21.♘xc1 h1♕ 22.♘d3 ♕xf3 23.♖xe5=)* 20.♘xa5 ♔xa5 21.♖xe5+ ♔xa4 22.♖h5 h2 23.♔b2=]

16...♖h2!

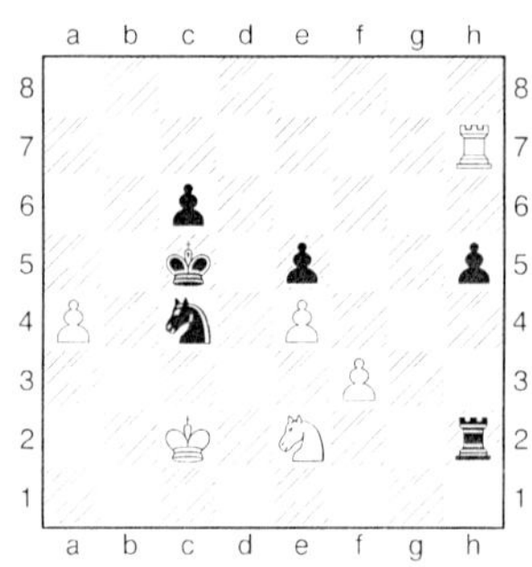

Agora as pretas ganham um importante tempo ao atacar o cavalo.

17.♔d1?! [Era melhor jogar 17.♔d3 ♘b2+ 18.♔e3 h4∓]

17...♖h1+ [As pretas poderiam ganhar com 17...♘b2+! 18.♔e1 *(18.♔d2 ♘xa4–+)* 18...♘d3+ 19.♔d1 h4!–+]

18.♔c2 ♖h2 [18...h4 19.f4 ♖h2 20.♔d3 ♘b2+ 21.♔e3 ♔c4∓]

19.♔d1 [19.♔d3 ♘b2+ 20.♔e3 h4∓]

19...♘b2+! 20.♔e1 [20.♔d2 ♘xa4–+ Δ ♘b2–c4]

20...♘d3+ 21.♔d1 ♘b2+ [21...h4!–+]

22.♔e1 ♘d3+ 23.♔d1 h4!–+

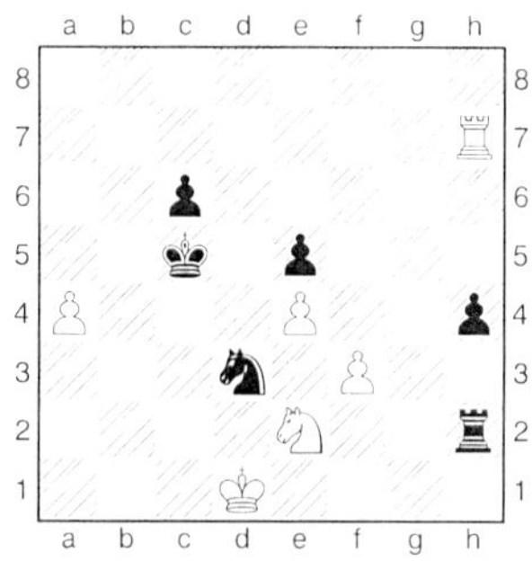

Após a repetição de lances, as pretas jogam o lance que define o final como ganhador com uma interessante manobra de cavalo.

24.a5 ♔b5 25.♖d7 ♘f2+! 26.♔e1 ♔xa5 [26...h3 27.♔f1 ♖g2 28.♘g1 h2 29.♔xg2 h1♕+ 30.♔xf2 ♕h2+ 31.♔f1 ♔xa5–+]

27.♔f1 h3 28.♖d2 [28.♘g3 ♘h1 29.♔g1 *(29.♘xh1 ♖xh1+ 30.♔f2 c5–+)* 29...♖g2+ 30.♔xh1 ♖xg3–+]

28...♖g2 29.♘c3 ♘g4! 30.♖xg2 ♘e3+! 31.♔g1 ♘xg2! [31...hxg2? 32.♘e2! c5 33.f4! exf4 34.♘xf4 c4 35.♘e2 ♔b4 36.♔f2=]

32.♘d1 ♔b4 33.♘f2 ♘f4! 34.♘g4 ♘d3 35.♔h2 c5 36.♔xh3 c4 37.♘e3 c3 38.♔g4 ♔b3 39.♔f5 ♘b2 [Obviamente as pretas evitaram avançar o peão com 39...c2?? por causa do sacrifício de cavalo após 40.♘xc2! ♔xc2 41.f4! exf4 42.♔g4! ♔c3 43.e5!= que levaria ao empate.]

0–1

Fischer - Petrosian

Buenos Aires (m/1) 1971

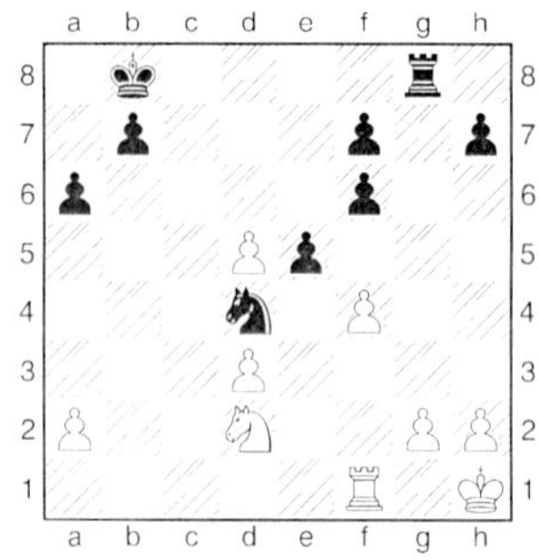

Apesar de ter uma estrutura de peões um pouco inferior, as pretas estão com peças mais ativas o que mantém o equilíbrio da posição.

1...f5 [As pretas também poderiam jogar 1...♖e8 2.f5 *(2.fxe5 ♖xe5 3.♖xf6 ♖e2!? 4.♘f1 ♖xa2⇄* Δ b5*)* 2...♖c8 3.♘e4 ♘xf5! *(3...♖c2 4.g4!* Δ ♘xf6*)* 4.♘xf6 *(4.♖xf5?? ♖c1+–+)* 4...♘e3 5.♖e1 ♖c3 6.♔g1 ♖xd3 7.♘d7+ ♔c8 8.♘xe5 ♖c3 9.♘xf7 ♘xd5=]

2.fxe5 ♖e8 3.♖e1 ♘c2 4.♖e2 [4.♖c1 ♘b4! *(4...♖xe5? 5.♘f3! ♖e2 6.d6! ♔c8 7.♔g1! ♔d7 8.♔f1!+–)* 5.d4 ♖c8 *(5...♘xd5 6.♘f3 b5=)* 6.♖f1 *(6.♖xc8+ ♔xc8=)* 6...♘xd5 7.♘b3 *(7.♖xf5?? ♘e3!–+)* 7...f4=]

4...♘d4! 5.♖e3 ♘c2 6.♖h3 [6.♖e2 ♘d4=]

6...♖xe5 7.♘f3 ♖xd5 [7...♖e2? 8.♖xh7 ♘d4 9.h4! ♘xf3 10.gxf3 ♖xa2 11.h5!+–]

8.♖xh7 ♖xd3 9.h4! ♘e3 10.♖xf7 ♖d1+?! [As pretas perdem um tempo e isso dificulta a defesa da posição. Era melhor jogar 10...a5 11.h5 *(11.♘e5 ♖d4=; 11.♖f8+ ♔a7=)* 11...♖d6= Δ ♖h6]

11.♔h2 ♖a1 12.h5

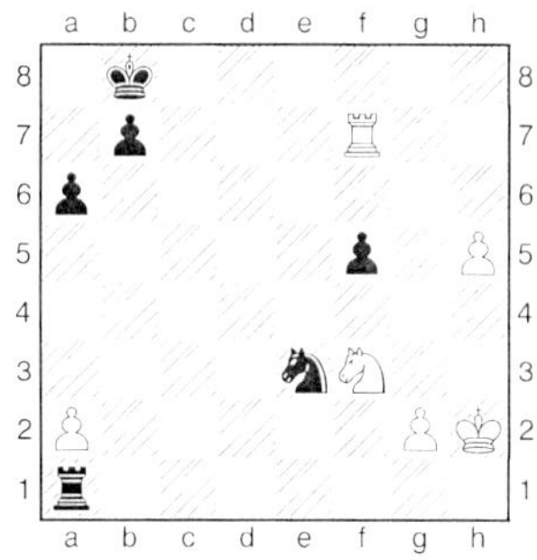

12...f4? [Pressionadas pelo controle de tempo, as pretas cometem um erro decisivo que leva à derrota. Era necessário jogar de maneira ativa com a torre de maneira a defender a posição com 12...♖xa2! 13.♖g7 ♖a5! 14.♖g5 *(14.♔g3 f4+! 15.♔xf4 ♘xg2+! 16.♖xg2 ♖xh5=)* 14...♖a2! (Se 14...♘g4+? as brancas jogam de maneira ativa com o rei após 15.♔g3 ♘h6 16.♔f4 *(16.♘d4 ♖d5⇄ Δ* a5, Δ b5*)* 16...♖a4+ 17.♔e5 ♘f7+ 18.♔xf5 ♖a5+ 19.♔g6 ♘xg5 20.♘xg5 ♖a2 21.g3!!+– Δ h6–h7) 15.♘e5 *(15.h6 ♘g4+! 16.♖xg4 fxg4 17.h7 gxf3 18.h8♕+ ♔a7 19.♕d4+ ♔a8=* Δ ♖xg2+ com posição de fortaleza.*; 15.♔g3 ♖xg2+ 16.♔f4 ♘d5+ 17.♔xf5 ♖f2 18.♖g3 ♖f1 19.♔g5 ♘c7! 20.h6 ♘e6+!* Δ ♘f8=*; 15.♔h3 ♖a1! 16.♔g3 ♖h1 17.♘h4 ♘f1+ 18.♔f2 ♖xh4 19.♔xf1 f4=)* 15...♖a1 16.h6 ♘f1+ 17.♔h3 ♘e3 18.♔g3 ♖h1 19.♖g6 a5! 20.♔f3 ♘g4 21.♘xg4 fxg4+ 22.♔xg4 a4= Δ a3]

13.♖xf4 ♖xa2 14.♖e4 ♘xg2 15.♔g3! ♖a5 16.♘e5! [e as pretas abandonaram a partida, pois perderam o cavalo.]

1–0

A. Morozevich - Y. Yakovich

Rússia 1998

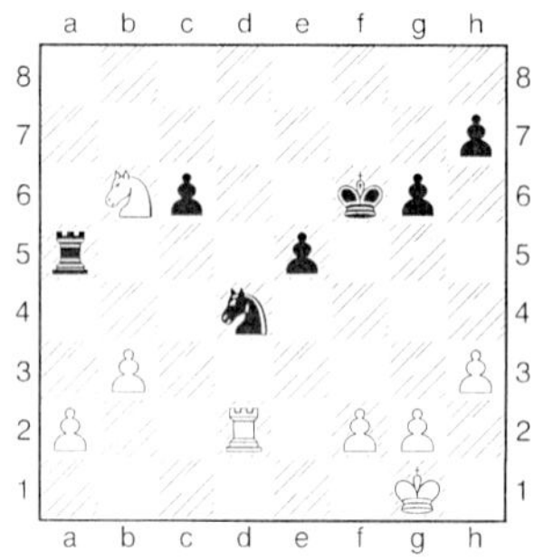

As brancas estão com um peão de vantagem e podem pressionar o peão preto central que defende o cavalo.

1.f4! ♔e6 [1...♖a7 2.♘c4! ♔f5 3.fxe5 c5 4.♔f2 ♔f4 *(4...♔e4 5.♔g3+– Δ ♖f2)* 5.b4+–]

2.fxe5 ♖b5 3.♘c4 ♘f5 4.g4 ♘h6 5.♖d6+ ♔e7 6.♖xc6

1–0

S. Movsesian - V. Ivanchuk

Polanica Zdroj 2000

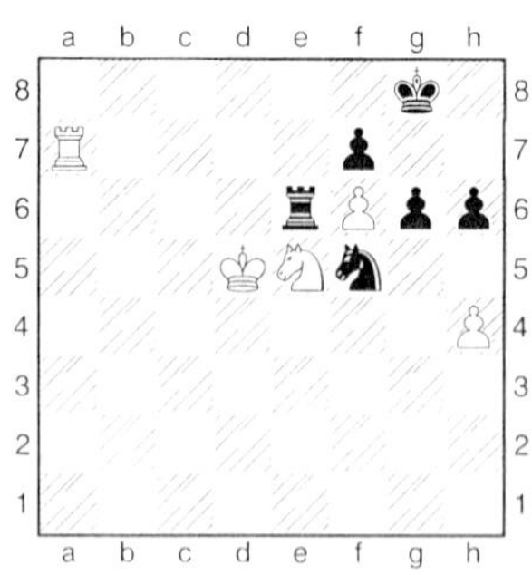

As brancas estão com um peão a menos, mas encontram uma interessante manobra de torre para simplificar o final e garantir o empate.

1.♖a8+! [1.♘xf7 ♖xf6 2.♘e5 ♖d6+ 3.♔c5 h5∓]

1...♔h7 2.♖h8+!! [2.♘xf7 ♖xf6 3.♖a7 ♔g8 4.♘e5 ♖d6+ 5.♔c5 h5∓]

2...♔xh8 3.♘xf7+ ♔g8 [3...♔h7 4.♔xe6 ♘xh4 5.♘d6 g5! 6.f7 ♘g6 *(6...♔g7?? 7.♔e7! ♘g6+ 8.♔e8! ♔f6 9.♘c8! ♔e6 10.♘e7!+–)* 7.♔f6 h5!=]

4.♔xe6 ♔f8 [4...♘d4+ 5.♔e7 ♘f5+ 6.♔e8 g5 7.h5 *(7.♘xh6+ ♘xh6 8.hxg5 ♘f7 9.g6 ♘d6+ 10.♔e7 ♘f5+ 11.♔e6 ♘h6=)* 7...g4 8.♘e5 ♘d6+ 9.♔e7 ♘f5+ 10.♔e6 ♘d4+=]

5.♘e5 ♘d4+ 6.♔d5 ♘e2 7.♘xg6+ ♔f7 8.♘e5+ ♔xf6 9.♘g4+ ♔g6

½–½

CAPÍTULO 10
Torre e bispo contra torre e bispo (de mesma cor)

Fischer - Bolbochan
Mar del Plata 1959

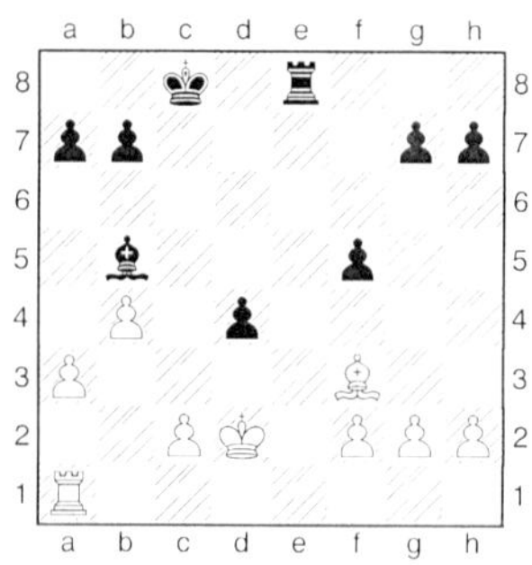

Uma interessante posição conduzida pelo jovem Fischer de maneira ativa que mostra como uma defesa passiva pode levar à derrota no final de torre e bispo contra torre e bispo (de mesma cor).

1.a4 ♗c4 2.♖c1 ♔b8 [As pretas poderiam jogar de maneira mais ativa com 2...g5!? 3.h3 ♔c7!? 4.c3 *(4.♖d1 b6=)* 4...d3! 5.♖e1 ♖xe1 6.♔xe1 b6= (Δ a5) para fixar o peão branco, em a4, na mesma cor da casa do bispo preto.]

3.c3! dxc3+ [3...d3 4.♖e1 ♖xe1 5.♔xe1 b6 6.♔d2± Δ g4]

4.♖xc3± ♗f7 [4...♖d8+ 5.♔c2 ♖c8 6.g3±]

5.a5 [As peças brancas estão mais ativas do que as peças pretas e houve ganho de espaço com o avanço do peão de torre na ala da dama.]

5...♖e7 [5...g6 6.g3±]

6.♖e3 [6.♖c5 g6 7.♔c3 ♖d7 8.g3±]

6...♖d7+ 7.♖d3 [7.♔c3±]

7...♖e7 [As pretas poderiam entrar no final de bispos com 7...♗e6!? 8.g3 ♔c7 Δ b6 com grandes possibilidades de empate.]

8.♖d8+! ♔c7 [Agora, a torre branca pode penetrar na ala do rei adversária.]

9.♖h8 h6 [As pretas ainda poderiam reorganizar a defesa da posição com 9...♗g6!? 10.♖a8 (10.♔c3 ♖e8 11.♖xe8 ♗xe8 12.g3± *(12.♔d4 ♗c6!=)*) 10... a6 11.g3 ♗e8 12.♗e2 ♗c6 13.♗d3 g6 14.f4±]

10.♔c3! a6 [10...♖e8 11.♖xe8 ♗xe8 12.♔d4!± Δ ♔e5; 10...♖d7 11.♖a8 *(11. g3±)* 11...a6 12.g3±]

11.♔d4!± ♗e8 12.♖f8 ♗d7 13.h4 ♗c8 14.♗d5 ♗d7 15.f4?! [As peças brancas estão em posições ativas após 15.g3± o que restringe a ação das peças pretas.]

15...g6? [Um erro estratégico mover o peão para uma casa da mesma cor do bispo, pois isso restringe a ação da peça. As pretas poderiam penetrar com a torre e jogar de maneira ativa para obter o empate após 15...♖e1! 16.♔c3 *(16.♖f7 ♖d1+ 17.♔c5 ♖c1+ 18.♗c4 ♔d8 19.♔d5 ♖xc4 20.♖xd7+! ♔xd7 21.♔xc4 ♔c6! 22.h5 b6! 23.axb6 ♔xb6=)* 16...♖d1 17.♗f3 ♖c1+ 18.♔b2 ♖c4 19.♔b3 ♖xf4 20.♖f7 ♖xh4 21.♖xg7 ♖d4 22.♖h7 ♖d6 23.♔c4 b6=]

16.♖f6+– ♗e8 17.♗e6 ♗c6 18.g3 [18.♖xg6 ♗xg2 19.♗xf5+–]

18...♖g7 19.♔e5 ♗e8 20.♗d5 h5 [Agora todos os peões estão em casas da mesma cor da casa do bispo.]

21.♖b6 ♔c8 22.♗e6+ ♔c7 23.♔f6 ♖h7 24.♗d5 ♔c8 25.♖e6 ♔d8 26.♖d6+ ♔c7 27.♖b6 ♔c8 28.♗g8 ♖c7 29.♗e6+ ♔b8 30.♖d6

1–0

Fischer - Keres

Zurique 1959

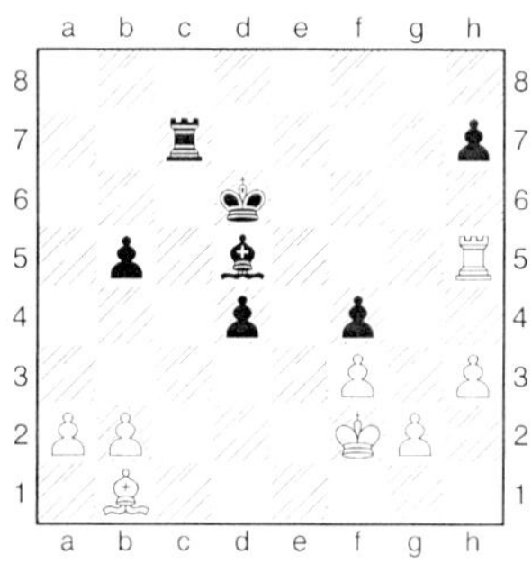

1.♖f5? [Normalmente não se deve mover os peões para a mesma cor de casa do bispo se a estrutura de peões for ficar fixada. Neste caso, a estrutura de peões está flexível e as brancas estão com um peão de vantagem e por isso podem mover, temporariamente, o peão para uma casa de cor branca para impedir que o bispo adversário tenha acesso à casa c4. 1.b3! ♖c1 2.♗e4! ♗e6 *(2...♗xe4 3.fxe4+– a troca de bispo mostra a fragilidade da estrutura de peões das pretas com quatro ilhas.; 2...♗g8 3.♖xb5 ♖a1 4.♔e2 ♖xa2+ 5.♔d3 ♖xg2 6.♔xd4 ♖d2+ 7.♔c3+–)* 3.♖h6! ♔e5 4.♖xh7 ♖a1 5.♖h5+! ♔f6 *(5...♔d6 6.♖xb5 ♖xa2+ 7.♔g1 ♖a1+ 8.♔h2 ♖d1 9.♖b6+!+–)* 6.g4! ♖xa2+ *(6...fxg3+ 7.♔xg3 ♖xa2 8.♖xb5+–)* 7.♔e1 b4 8.♖b5 ♗xb3 9.g5+ ♔e6 10.♖xb4+–]

1...♖c1 2.♗d3 [As pretas conseguem criar um peão passado na ala da dama como forma de contra-jogo após 2.♗e4 ♗xe4 3.fxe4 ♖c2+ 4.♔f3 ♖xb2 5.♖d5+ ♔c6 6.♖xd4 ♖xa2⇄]

2...♖d1 [As pretas poderiam jogar a torre de maneira mais ativa para conseguir contra-jogo na ala da dama com 2...♖a1! 3.a3 *(3.♖xf4 ♖xa2 4.♖xd4 ♖xb2+⇄)* 3...♖a2! 4.♖xf4 ♖xb2+⇄ Δ ♔c5]

3.♔e2 [3.♗xb5 ♖d2+ 4.♔f1 ♗xa2 *(4...♖xb2 5.a4±)* 5.b4 ♖b2 6.♗d3 ♖b3 *(6...♖xb4 7.h4± e o rei preto continua cortado pela torre branca.)* 7.♗e4 ♖xb4 8.♖xf4±]

3...♖g1 4.♔f2 [4.♗xb5 ♖xg2+ 5.♔d3 ♖xb2 6.♗c4 *(6.a4 ♖b3+ 7.♔xd4 ♖b4+ 8.♔c3 ♖b3+ 9.♔d2 ♖xf3=)* 6...♗xc4+ 7.♔xc4 ♖xa2 8.♖xf4 *(8.♔xd4 ♖a4+=)* 8...♔e5 9.♖e4+ ♔f5 10.♔xd4 ♖a3=]

4...♖d1 5.♔e2 [Era melhor 5.♗xb5 conforme já analisado no comentário para o lance 3.]

5...♖g1 6.♖g5 ♗xa2 [As pretas poderiam igualar a posição com 6...h6! 7.♖g6+ ♔e5 8.b3 *(8.♗xb5 ♖b1 9.a4 ♖xb2+=)* 8...♖a1 9.a4 *(9.♖xh6 ♖xa2+ 10.♔f1 b4=)* 9...bxa4 10.bxa4 ♖xa4 11.♖xh6 ♖a2+=]

7.♗xb5 ♖b1 [7...h6 8.♖g6+ ♔e5 9.♗d3 ♗f7 10.♖g7 ♔f6 11.♖g4 ♔e5 12.h4± Δ b4 *(12.b4 ♖a1!= Δ ♖a2+)*]

8.♔d3 h6 [8...♖xb2 9.♔xd4 ♗b1! 10.♗d3 ♖d2 11.♖d5+ ♔e6 12.♔e4 ♖xg2 13.♗xb1 ♖e2+ 14.♔d3 ♖b2 15.♖d4 ♖xb1 16.♖xf4 ♔e5=]

9.♖h5 ♖xb2? [Era necessário defender o peão central após 9...♗f7! 10.♖xh6+ ♔e5 11.♖c6 *(11.♗c4 ♗xc4+ 12.♔xc4 ♖xb2 13.♖g6 ♖c2+ 14.♔d3 ♖c3+ 15.♔d2 ♔d5 16.h4 ♖a3 17.h5 ♖a2+ 18.♔c1 d3! 19.h6 ♖a1+ 20.♔d2 ♔c4 21.♖c6+ ♔d4 22.♖d6+ ♔c4 23.h7 ♖a2+ 24.♔c1 ♖a1+ 25.♔b2 ♖h1 26.♖d7 d2!=)* 11...♖xb2 12.♖c5+ ♔f6 13.♔e4 *(13.♔xd4 ♖xg2 14.♔e4 ♖g5 15.♖c6+ ♔e7 16.♖b6 ♗e6 17.♗f1 ♖h5 18.♔xf4 ♗xh3=)* 13...♖xg2 14.♔xf4⩲]

10.♔xd4+– ♖xg2 11.♖xh6+ ♔e7 12.♔e4 ♖g5

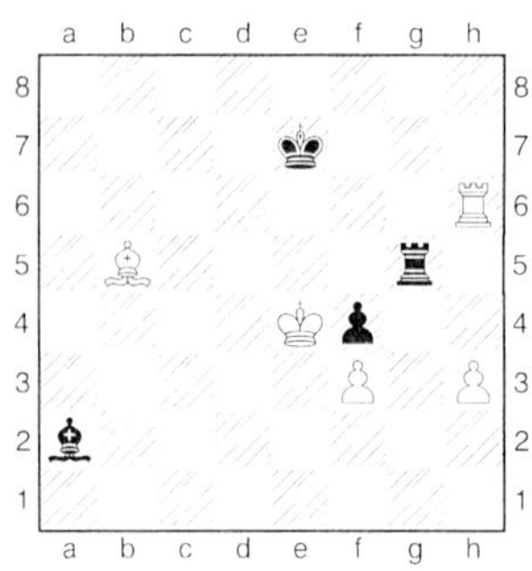

13.♗a6? [13.♗d3? ♗f7! 14.♔xf4 ♖h5 15.♖xh5 ♗xh5 16.h4 ♗xf3 17.♔xf3 ♔f6 18.♔f4 ♔g7 19.♔g5 ♔h8=; Era necessário defender o peão de torre e evitar a troca de peças com 13.♗f1! ♗f7 *(13...♖g1 14.♗a6+–)* 14.♔xf4 ♖h5 15.♖a6+–]

13...♗f7? [As pretas deixaram escapar o empate após a troca de torres com 13...♗b1+! 14.♔xf4 ♖f5+ 15.♔g4 ♖f6! 16.♖xf6 ♔xf6= onde o rei preto controla a casa g5, o bispo preto pode ser sacrificado pela peão de bispo para empatar com o rei sozinho no final de bispo e peão de torre da cor contrária ao bispo.]

14.♗c8! [14.♔xf4? ♖h5! 15.♖xh5 ♗xh5 16.h4 ♗xf3 17.♔xf3 ♔f6 18.♔f4 ♔g7 19.♔g5 ♔h8=]

14...♖g6 15.♖h7 [15.♖xg6 ♗xg6+ 16.♔xf4+–]

15...♔f8 16.♗g4 ♖g7 17.♖h6 [17.♖xg7? ♔xg7 18.♔xf4 ♗d5! 19.♔g5 ♗xf3! 20.♗xf3 ♔h8=]

17...♖g6 [17...♖g5 18.♔xf4 ♖a5 19.♖f6 ♔g7 20.♖f5 ♖a6 21.h4+–]

18.♖xg6 ♗xg6+ 19.♔xf4 ♔g7 [O rei branco pode controlar a casa g5 e apoiar o avanço dos peões.]

20.♔g5 ♗d3 21.f4 ♗e4 22.h4 [22.f5?? ♗xf5! 23.♗xf5 ♔h8=]

22...♗d3 23.h5 ♗e4 24.h6+ ♔h8 25.♗f5 ♗d5 26.♗g6 ♗e6 27.♔f6 ♗c4 28.♔g5 ♗e6 29.♗h5 ♔h7 30.♗g4 ♗c4 31.f5 ♗f7 32.♗h5 ♗c4 33.♗g6+ ♔g8 34.f6

1–0

W. Beckemeier - J. Blauert

Dortmund 1995

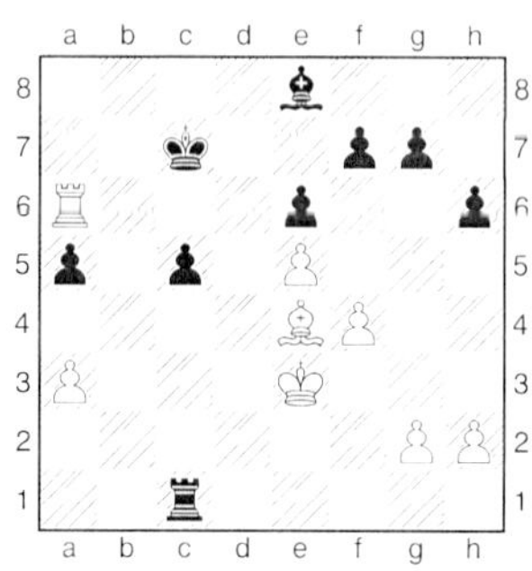

As pretas estão com um peão de vantagem e executam uma manobra tática para levar a posição para o final de peões.

1...♖e1+! 2.♔f3 ♖xe4! 3.♔xe4 ♗c6+ 4.♖xc6+ [As brancas são forçadas a devolver a qualidade, pois perderiam a torre em caso de 4.♔e3 ♔b7! 5.♖xa5 *(5.♖xc6 ♔xc6–+)* 5...♔b6–+]

4...♔xc6 5.a4 f6 6.exf6 [As pretas também ganhariam o final de peões após 6.g4 fxe5 7.♔xe5 *(7.fxe5 g6 8.h4 g5 9.h5 c4 10.♔d4 c3 11.♔xc3 ♔d5–+)* 7...♔d7 8.f5 exf5 9.gxf5 ♔c6 10.h4 *(10.h3 c4 11.♔d4 c3 12.♔xc3 ♔c5–+)* 10...h5 11.♔e6 c4 12.♔f7 c3 13.♔xg7 c2 14.f6 c1♕ 15.f7 ♕f1 16.f8♕ ♕xf8+ 17.♔xf8 ♔c5! 18.♔f7 ♔b4! 19.♔g6 ♔xa4 20.♔xh5 ♔b5 21.♔g6 a4 22.h5 a3 23.h6 a2 24.h7 a1♕–+]

6...gxf6 7.g4 ♔d6 8.h4 e5 9.f5 c4 10.h5 c3 11.♔d3 e4+! 12.♔xc3 ♔e5! 13.♔c4 ♔f4 14.♔d4 ♔xg4

0–1

Xu Jun - Short

Shenyang (world cup) 2000

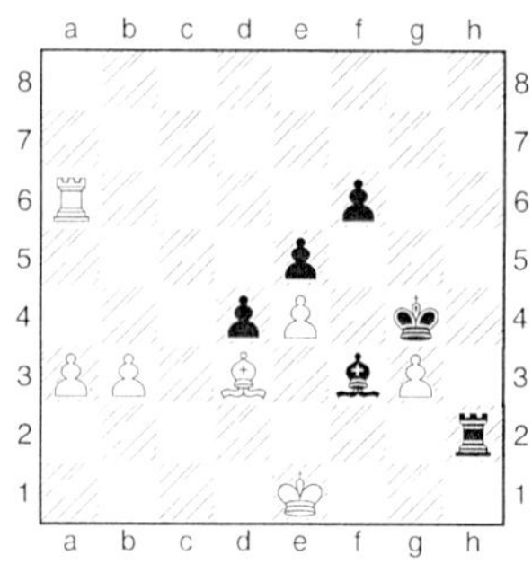

As brancas estão com um peão de vantagem, mas o rei branco está cortado na primeira fila e as pretas estão com as peças mais ativas.

1...f5!? 2.♖g6+ [As brancas perderiam após 2.exf5? e4! 3.♗xe4 ♗xe4 4.♖a4 ♔f3! 5.♖xd4 *(5.♔d1 ♔e3–+)* 5...♔e3–+]

2...♔h5 3.exf5 e4 4.♖g8? [Era necessário sacrificar o bispo para empatar o final após 4.♗xe4! ♖e2+ 5.♔d1 ♖xe4+ 6.♔d2 ♗g4 7.♖d6 ♗xf5 8.a4 ♔g4 9.♖d5 ♗e6 10.♖d8 ♗xb3 *(10...♔xg3 11.♔d3=)* 11.♔d3=]

4...♖a2 5.♗xe4 [5.♗c4 e3 6.♗f7+ ♔h6 7.♖g6+ ♔h7 8.♗g8+ ♔h8–+]

5...♗xe4 [Agora é tarde para sacrificar o bispo branco, pois não há como capturar o único peão preto.]

6.g4+ ♔h4 7.♖d8 [7.♖e8 ♗f3! 8.♖d8 ♖e2+ 9.♔f1 ♔g3 10.♖xd4 ♖e3–+]

7...d3! [7...♗f3? 8.♖xd4! ♖e2+ 9.♔f1 ♔g3 10.♖d3=]

8.♖d4 [8.f6 ♖e2+ 9.♔d1 *(9.♔f1 ♔g3–+)* 9...♖f2! 10.♖d4 ♗g6! 11.b4 *(11.♖d6 ♔xg4–+)* 11...♖xf6 12.b5 ♔g3–+]

8...♖e2+! 9.♔d1 ♔g5! [Δ ♔f4–e3.]

0–1

CAPÍTULO 11
Torre e bispo contra torre e bispo (cores opostas)

Suetin - Botvinnik
URSS (ch) 1952

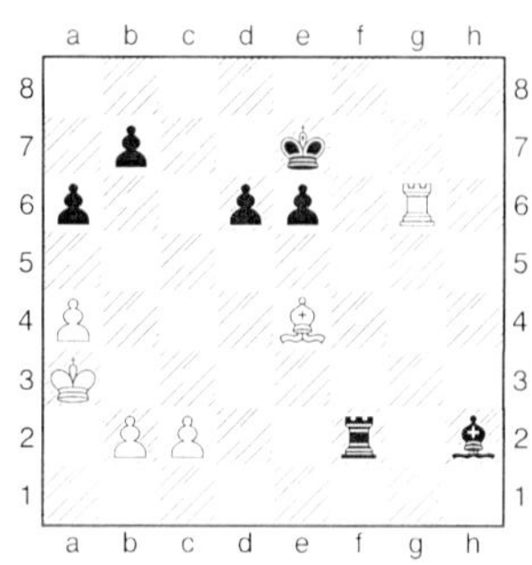

Um final instrutivo que mostra a importância de se jogar de maneira ativa mesmo no final de torre e bispo contra torre e bispo (de cores opostas).

1...d5! [Os peões ligados devem avançar na casa do bispo adversário para reduzir sua atividade.]

2.♗d3 ♗e5 3.♖g8 ♔d7 4.b4? [Era melhor coordenar as peças e colocar pressão sobre os peões pretos com 4.♗h7 ♗f6 5.♖b8 ♔c7 6.♖e8 e5 7.♖e6 ♔d7 8.♖b6 ♗e7+ 9.♔b3 ♔c7 10.♖e6 ♗d6∓]

4...♗f6 [Era melhor cravar o peão na ala da dama e, ao mesmo tempo, permitir o avanço do peão central com 4...♗d6! 5.♖g7+ *(se 5.♔b3 e5 6.♖g7+ ♗e7 7.♗g6* com a mesma posição após 7.♗g6*)* 5...♗e7 6.♔b3 e5 7.♗g6 *(7.c3 e4–+)* 7...♖f3+ 8.♔b2 ♔e6 9.c3 ♖f2+ 10.♔b3 e4∓]

5.♖g1 ♖h2 6.♔b3 ♔d6 [Era melhor cravar o bispo branco e ganhar tempo para avançar o peão central com 6...♖h3! Δ e5–e4]

7.♖d1 ♔e7 [Novamente era melhor 7...♖h3! Δ e5–e4]

8.c4! ♖b2+ [8...♖h3 9.cxd5 exd5 10.a5 ♔d6 11.♔a4=]

9.♔a3 dxc4 10.♗xc4 ♖c2 11.♗b3 ♗b2+ 12.♔a2 ♖f2 13.♗c4 a5

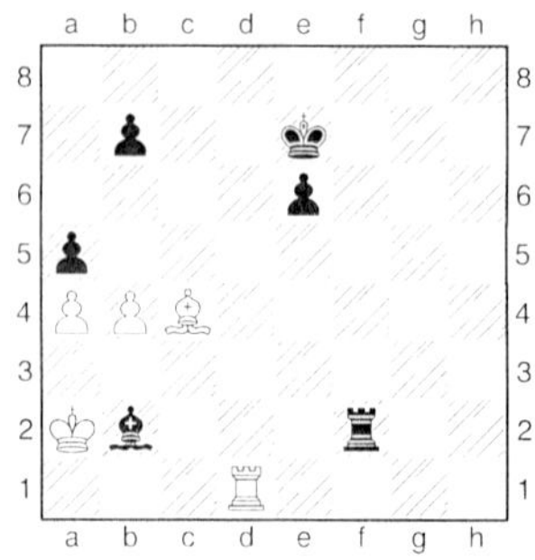

14.bxa5?! [Era melhor levar o rei para uma posição mais ativa com 14.♔b3! b6 *(14...axb4 15.♔xb4=)* 15.♖e1 e5 16.bxa5 bxa5 17.♖e2=]

14...♗c3+! 15.♔b3 ♗xa5 [Agora o bispo preto está numa posição ativa que incomoda a coordenação da defesa branca.]

16.♗b5 b6 17.♔c4 ♔f6 18.♔d4 ♖f4+ 19.♔e3 ♔e5 20.♖h1 ♖e4+ 21.♔d3 ♖g4 22.♖h5+ ♔d6 23.♖h8 ♔e5 24.♖h5+ ♔f4 25.♖h3 ♖g8 26.♖h4+ ♔e5 27.♖h5+ ♔d6 28.♖h4 ♖g3+ 29.♔e4 ♗d2

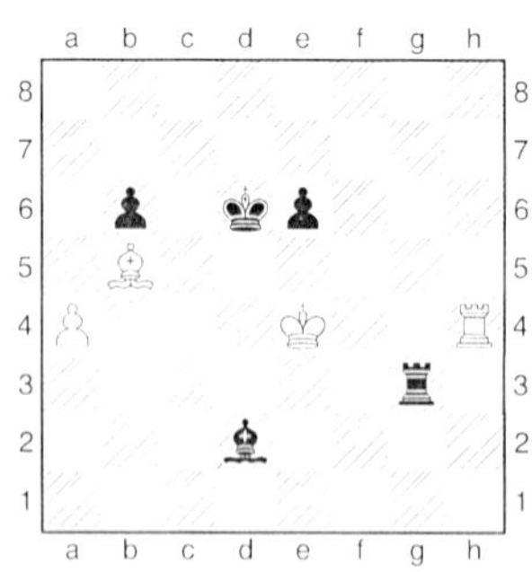

30.♗d3?? [As brancas deveriam jogar de maneira mais ativa com 30.♔d4= Δ ♖h7]

30...♗g5 [As pretas ganhariam imediatamente com 30...♔c5! 31.♖h5+ ♗g5!–+]

31.♖h5 [As brancas poderiam prolongar a agonia e jogar o final perdido com dois peões a menos após 31.♖h1 ♖g4+ 32.♔f3 ♖f4+ 33.♔e2 ♖xa4 34.♖b1 ♗d8–+]

31...♔c5!

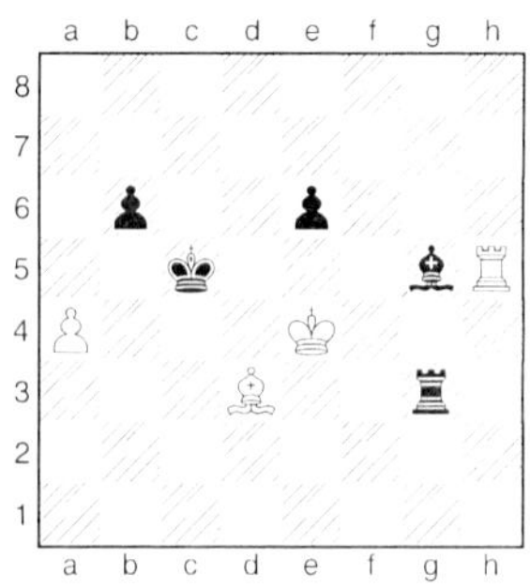

0–1

Botvinnik - Petrosian

Moscou (m/8) 1963

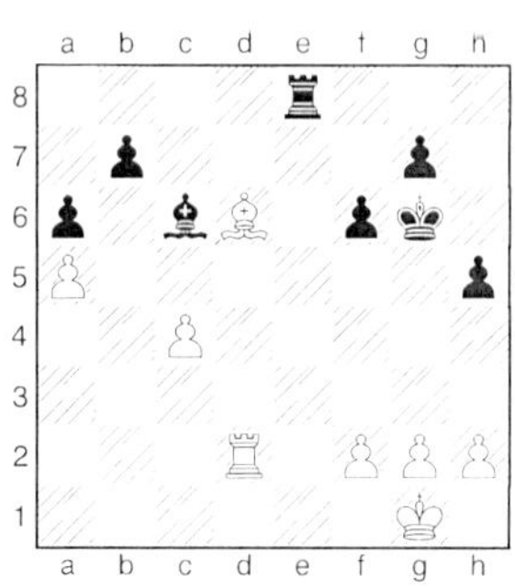

As peças pretas estão mais ativas pois o bispo controla a grande diagonal e a torre ocupa uma coluna aberta. A torre preta pode penetrar e pressionar os peões brancos na ala da dama, mas as brancas podem jogar de maneira ativa na ala do rei para manter o equilíbrio da posição.

1.f3 ♖e1+ 2.♔f2 ♖a1 [2...♖c1 3.♖d4 ♖c2+ 4.♔g3 ♗d7 5.h4=]

3.♗b4 ♖b1 4.♗a3 ♖b3 5.♗d6 ♖c3 6.♖d4 ♖c2+ 7.♔g3 ♗d7 8.h4 ♗e6 9.c5 ♗c4 10.♔f4 ♗b5

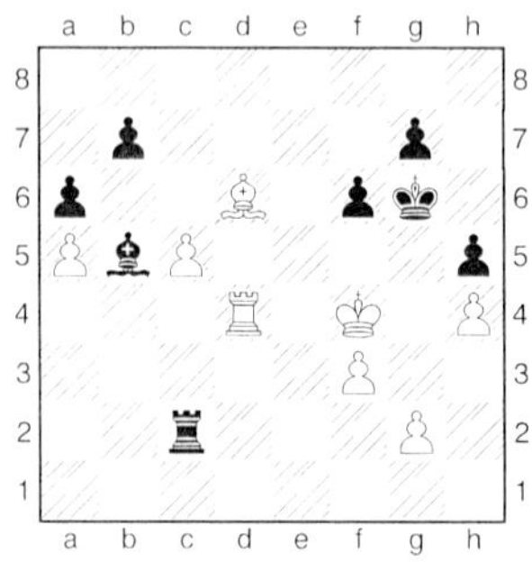

11.g4 [As brancas poderiam manter a posição estática e jogar 11.♔g3!? pois não há ameaça das pretas com 11....♗f1 por causa de 12.♖d1!= e o peão não pode ser capturado pelo bispo porque as brancas ganhariam a peça após o ataque de torre pela primeira fila.]

11...♖c3 12.♖e4 ♗c6 13.♖e3 ♖c4+ 14.♔g3 ♖a4 [Se 14...hxg4 15.fxg4 ♖a4 16.♗c7 ♗d7 17.♗f4 com a mesma posição da partida.]

15.♗c7 hxg4 16.fxg4 ♗d7 17.♗f4 ♔f7 [17...♖xa5 18.♖e7 ♖a3+ 19.♗e3 ♗c6 20.h5+ ♔h7 21.h6!=]

18.♖b3! ♗c8 [As pretas vão ficar com um peão de vantagem, mas com o bispo numa posição passiva e defensiva.]

19.g5 fxg5 [19...♖xa5 20.♗e3=∞]

20.hxg5 ♖xa5 21.♗e3=∞ ♔g6 22.♖b6+ ♔f5 23.c6 bxc6 24.♖xc6 ♖a3 25.♖c5+ [25.♖xc8 ♖xe3+ 26.♔h4=]

25...♔g6 26.♖c6+ ♔h5 27.♔f4 ♖a4+ 28.♔g3

½–½

J. Olivier - Y. Pelletier

Mitropa Cup (Baden) 1999

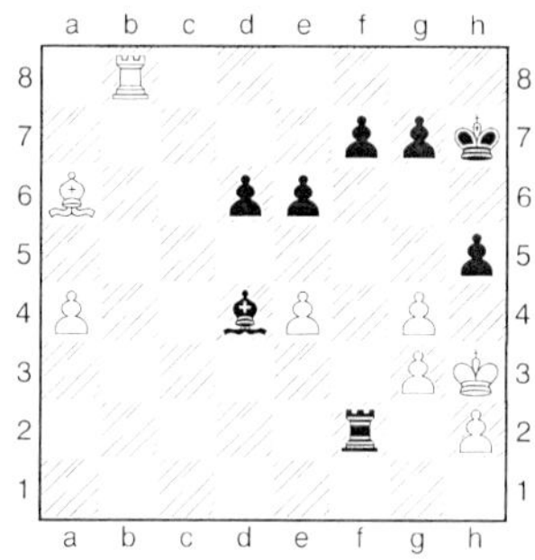

O plano das pretas é avançar os peões na ala do rei para manter o rei adversário numa posição restringida e sem mobilidade.

1...hxg4+! 2.♔xg4 f5+! [Se 2...♖xh2 as pretas ficariam com um peão de vantagem, mas as brancas teriam o rei numa posição mais ativa e as peças poderiam coordenar melhor a defesa.]

3.exf5 exf5+ 4.♔h3 g5! 5.g4 [As brancas podem tirar o rei desta posição restringida, mas as peças pretas em posições ativas conseguem criar um perigoso peão passado na ala do rei após 5.♖b7+ ♔h6! 6.g4 ♗e5! 7.gxf5 ♖xh2+ 8.♔g4 ♖h4+ 9.♔f3 g4+! 10.♔e2 *(10.♔g2 g3!–+; 10.♔e3 g3!–+)* 10... g3! 11.♖b1 ♖xa4 12.♗b7 ♔g5–+]

5...f4! 6.♖b1 [6.♗c4 ♗e5∓]

6...♗e5 [O peão passado preto está mais avançado do que o peão passado branco e, além disso, há a latente ameaça de avanço do peão preto para f3 com ameaça de xeque-mate em h2.]

7.♖c1 [7.♗c4 f3 *(7...♔g7∓; 7...♖d2∓)* 8.♖h1 ♖d2 9.a5 d5 10.♗b3 ♔g7 11.a6 ♗b8 12.♗d1 f2 13.♖f1 ♔f6 14.♔g2 ♗a7∓]

7...♔g7 [Seria um erro avançar o peão passado com 7...f3? por causa do golpe tático 8.♖c2! ♖xc2 9.♗d3+ ♔g7 10.♗xc2=]

8.♖f1?! [Oferecia maior resistência manobrar o bispo pela grande diagonal e defender o peão de torre após 8.♗b7 ♖a2 9.♗c6 ♔f6∓]

8...♖a2!–+ 9.♖f3 [9.♗b5 f3! 10.♖h1 ♔f6 11.♗c6 f2 12.♔g2 ♗d4–+ Δ ♔e5]

9...♖xa4 10.♗f1 ♖a2 11.♗g2 ♖d2 [As peças brancas estão sem mobilidade e o rei preto pode ser levado para uma posição mais ativa no centro.]

12.♖f1 [Se as brancas jogassem 12.♗f1 ♔f6 13.♖d3 ♖f2 14.♗g2 ♔e7 15.♗f3 d5 haveria a mesma posição da partida.]

12...♔f6 [As pretas ganhariam mais rapidamente com 12...f3! 13.♖xf3 *(13.♗xf3? ♖xh2#!)* 13...♗f4 14.♖f1 d5 15.♖f3 d4–+]

13.♗f3 ♔e7 14.♖d1 ♖f2 15.♖d3 d5 16.♗g2 [16.♗xd5 f3!–+]

16...d4 17.♖f3 ♖d2 18.♗f1 ♔d6 19.♗d3 ♔d5 20.♗g6 [O rei preto consegue escapar da perseguição da torre branca após a troca de bispo com uma longa manobra: 20.♗c4+ ♔xc4 *(também ganharia 20...♔e4–+)* 21.♖c3+ ♔d5! 22.♖c5+ ♔e4! 23.♖xe5+ ♔f3 24.♖e3+ ♔f2! 25.♖f3+ ♔e2 26.♖f2+ ♔d1 27.♖f1+ ♔c2 28.♖c1+ ♔d3! 29.♖c3+ ♔e2–+]

20...♗d6 21.♗f5 ♗b4 22.♖b3 ♔c4 23.♗e6+ ♔c5 24.♗f5 ♖f2 25.♗g6 ♗c3 26.♖b8 d3 27.♖c8+ ♔b4 28.♖b8+ ♔a3 29.♗xd3 [29.♖a8+ ♔b2 30.♖b8+ ♔c1 31.♖b5 ♗b2 *(31...d2?? 32.♖b1#!)* 32.♗xd3 ♖f3+ 33.♔g2 ♖xd3 34.♖xg5 f3+ 35.♔g3 ♗d4–+]

29...♖f3+ 30.♔g2 ♖xd3 31.♖b5 f3+ 32.♔f2 ♗d4+ 33.♔g3 f2+ 34.♔g2 ♖d1 35.♖f5 ♖g1+

0–1

K. Müller - T. Heinemann

Alemanha (ch) 1999

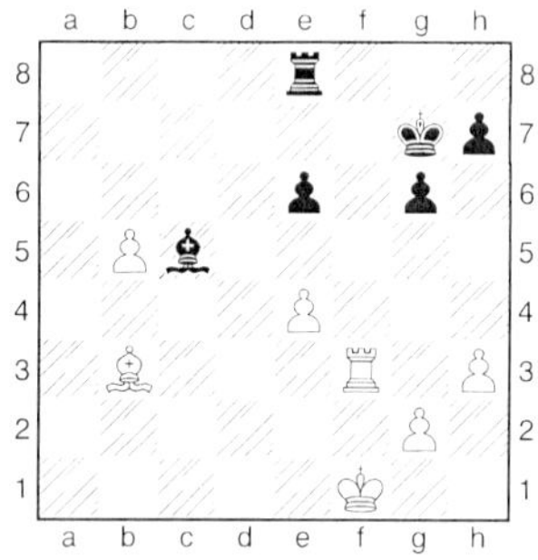

As brancas possuem a vantagem material de um peão passado na ala da dama. O plano das brancas é manobrar a torre para uma posição mais ativa para aumentar sua vantagem posicional.

1.♖c3 ♖f8+ 2.♔e2 ♗d4 3.♖c7+ ♖f7 4.♖c6 ♖b7 5.♗c4 e5 [5...♖b6 6.♖c7+ ♔h8 *(6...♔h6 7.♖e7 e5 8.g4+–)* 7.♔d3 e5 8.♔c2+– Δ ♔b3–b4]

6.♔d3 ♔h6 7.♖d6 ♗f2 [Se as pretas tentassem uma aproximação com o rei após 7...♔g5 as brancas sacrificariam a qualidade para ganhar o final após 8.♖xd4! exd4 9.♔xd4 ♔f4 *(9...♔f6 10.e5+ ♔e7 11.♔c5 ♖c7+ 12.♔d5 ♖d7+ 13.♔c6 ♖d4 14.♔c5 ♖d1 15.b6+–)* 10.♔c5 ♖c7+ *(10...♖b8 11.♗d5+–)* 11.♔d5 ♖e7 12.b6+–]

8.♖d5 ♖e7 9.♖d8 ♖b7 10.♔e2 ♗a7 11.♖d5 ♖e7 12.♖d6 ♖b7 13.♖a6 ♗d4 14.♖d6 ♗a7 [As brancas decidem jogar de maneira posicional na ala do rei de forma a avançar os peões.]

15.g3 ♔g5 16.♔f3 ♔h6 17.h4 ♔h5 18.♔g2 ♗c5 [Obviamente se 18...♔g4?? seguiria 19.♗e2#; Seria um erro 18...g5? por causa de 19.♗e2+ g4 20.♗c4+– Δ ♖f6]

19.♖c6 ♗d4 20.♔h3 ♔h6 21.g4 ♔g7 [As brancas ganharam espaço na ala do rei e conseguiram restringir a ação do rei adversário.]

22.g5 ♗e3?! [As pretas deveriam jogar de maneira mais dinâmica com 22... h5!? de maneira a dificultar o plano das brancas.]

23.♗d5+– [Também ganharia com o imediato avanço do rei após 23.♔g4+– Δ h5]

23...♖b8 [23...♖xb5 24.♖c7+ ♔f8 *(24...♔h8? 25.♖c8+ ♔g7 26.♖g8#)* 25.♖f7+ ♔e8 26.♖f3+–; 23...h5 24.♖xg6+ ♔xg6 25.♗xb7 ♗c5 26.♗c8 ♗b6 27.♗f5+ ♔f7 28.♔g3+–]

24.♖c7+ ♔h8 25.♗c6 [Também ganharia com o imediato avanço do rei após 25.♔g4+– Δ h5]

25...♖f8 26.♖e7 ♗d4 27.♗d5 ♖f3+ 28.♔g2 ♖f2+ 29.♔g3 h6 [29...♖f8 30.♖e6 ♖b8 31.♔g4 ♔g7 *(31...♖xb5? 32.♖e8+ ♔g7 33.♖g8#)* 32.♖e7+ ♔h8 33.h5 ♖f8 34.♖e6 ♖b8 35.hxg6 hxg6 36.♖xg6 ♖xb5 37.♖g8+ ♔h7 38.g6+ ♔h6 39.♔f5+–]

30.gxh6 [As brancas poderiam ganhar imediatamente com 30.h5!+–]

30...♖f4 31.♖e6 ♔h7 32.b6 ♖f8 33.b7 ♗a7 34.h5 gxh5 35.♔h4 ♖f1 36.♔xh5 ♖g1 37.♖e7+ ♔h8 38.♖xe5 [38.♗e6 ♖h1+ 39.♔g6 ♖g1+ 40.♔f6+–]

1–0

S. Ovseevich - V. Neverov

Ordhonikidze (zonal) 2000

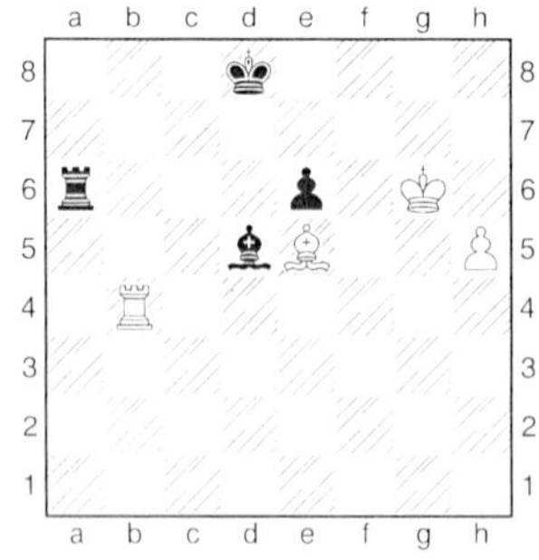

As peças brancas estão em posições ativas com a ameaça de avanço do peão passado na ala do rei.

1...♖c6? [Também perderia 1...♖a2? 2.h6 ♖g2+ 3.♔f6 ♖g1 4.h7 ♖h1 5.♖b8++– ; As pretas poderiam empatar de duas maneiras ao levar o bispo para uma posição mais ativa na diagonal b1–h7: 1...♗g2 2.h6 ♗h3 3.♖f4 ♗f5+ 4.♖xf5 exf5+ 5.♗f6+ ♔d7 6.h7 ♖a8=; 1...♖a3 2.h6 ♗b3 3.♔f7 *(3.♖d4+ ♔e8 4.♖d2 ♗d5 5.♖e2 ♗c4=)* 3...♖a7+ 4.♔f6 ♗c2 5.♔xe6 ♖e7+ 6.♔f6 ♖a7=]

2.h6 ♖c4 3.h7 [3.♖xc4?? ♗xc4 4.h7 ♗d3+=]

3...♖xb4 4.h8♕+ ♔d7 5.♕f8 [5.♔f7 ♔c6 6.♕e8++–]

5...♖g4+ 6.♔h5 ♖c4 7.♕d6+ ♔c8 8.♕b6 ♔d7 9.♔g5 ♖c1 10.♕a7+

1–0

A. Fominykh - A. Korotylev

Moscou 1999

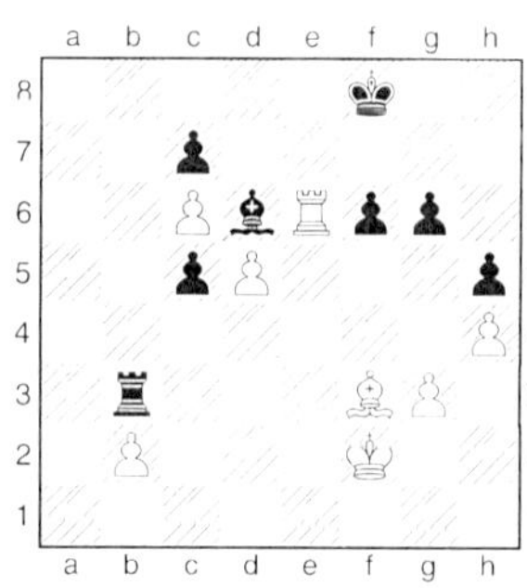

Há uma ameaça latente de sacrifício de qualidade para a coroação do peão de bispo. Portanto, as pretas devem jogar de maneira ativa para defender-se contra esta ameaça das brancas.

1...♖xb2+? [Teria sido melhor jogar 1...♖b8! 2.♖xf6+ *(2.b3 ♔f7 3.♗e2 ♖e8=)* 2...♔g7 3.♖e6 ♖f8 4.b3 ♖f6 posição em que as pretas estão um pouco inferiores, mas como não há pontos débeis e a troca das torres parece inevitável em algum momento, torna-se virtualmente empatado o final de bispos de cores opostas.]

2.♗e2! ♗e5 [2...♖b8 3.♖xd6! cxd6 4.♗a6!+–; 2...c4 3.♖xd6! c3 4.♖xf6+ ♔g7 5.♖f3+–; 2...♗e7 3.d6! ♗d8 *(3...♗xd6 4.♖xd6! cxd6 5.c7+–)* 4.♖xf6+! ♔g7 *(4...♗xf6 5.dxc7+–)* 5.♖e6! ♔f7 6.♖e7+!!+–]

3.d6! ♖b8 [3...♗xd6 4.♖xd6! cxd6 5.c7+–]

4.d7! ♖d8 [As brancas criaram um peão passado central que imobiliza a torre preta e isso permite a coordenação das peças para atacar os peões pretos na ala do rei.]

5.♗d3 ♗d4+ 6.♔f3 f5 [6...♔f7 7.♖e8 ♖xe8 8.♗xg6+!+–]

7.♖xg6 ♔e7 8.♗xf5 ♗f6 9.♗d3 ♖h8 10.♗c4 ♖f8 11.♔e4 ♖h8 12.♗g8

1–0

CAPÍTULO 12
Torre e bispo contra torre e cavalo

Fischer - Tal
Curaçao 1962

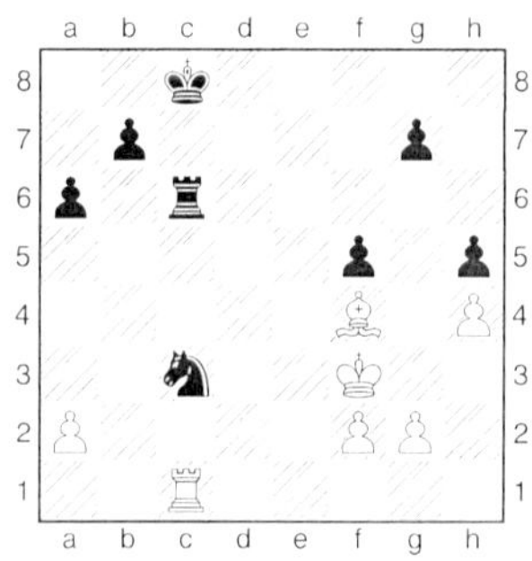

As brancas podem controlar a grande diagonal com o bispo e há compensação pelo peão de desvantagem no final, pois torre e bispo coordenam melhor do que torre e cavalo.

1.♗e5! ♘d5 [Seria um erro capturar o peão com 1...♘xa2? por causa do final de bispo contra cavalo após a troca das torres com 2.♖xc6+! bxc6 3.♔f4! g6 4.♔g5 ♔d7 5.♔xg6 ♔e6 6.♗d4! ♘b4 7.♔xh5 ♘d3 8.♔g5! c5 9.♗a1 ♘xf2 10.h5 ♘g4 11.♗c3!+– *(11.h6? ♘xh6! 12.♔xh6 ♔d5! 13.♔g5 ♔e4!=)*]

2.♖d1 [As pretas conseguiriam bloquear a passagem do rei branco após 2.♖xc6+ bxc6 3.♗xg7 c5 4.♔e2 c4 5.g3=]

2...♘f6 [As pretas poderiam manter o controle da casa f4 e devolver o peão para manter o cavalo centralizado a fim de ativar o rei ou avançar a ala da dama após 2...♖c5 3.♗xg7 ♔d7= *(3...b5=)* ; 2...♔d7 3.♗xg7 *(3.♖xd5+ ♔e6 4.♖a5 b6 5.♖xa6 ♔xe5=)* 3...♔e6=]

3.♔f4 g6 [As pretas poderiam jogar de maneira mais ativa com a torre na sétima fila para permitir o avanço dos peões na ala da dama após 3...♖c2

4.♗d4 ♖xa2 5.♔xf5 b5 6.♔g6 b4 7.♔xg7 ♘g4 8.♔g6 *(8.f3 ♖xg2 9.fxg4 ♖xg4+ 10.♔f7 ♖xh4=)* 8...♘xf2 9.♖c1+ ♔b7 10.♔xh5 a5 11.g4 b3 12.g5 ♖d2=]

4.f3 ♘d7 5.♗d6 ♖c2? [O controle da sétima fila é agora uma decisão equivocada, pois a torre deveria permanecer no controle da terceira fila para defender o peão base na ala do rei e, assim, as pretas poderiam jogar de maneira ativa na ala da dama: 5...b5 6.♔g5 ♘b6= Δ ♘c4; 5...♘b6 6.♔g5 ♘c4= Δ b5]

6.g3! ♖e2 [Agora, as brancas podem atacar os peões pretos na ala do rei, por exemplo: 6...♖xa2 7.♔g5 ♘b6 8.♔xg6 ♘c4 9.♗f4!+– Δ ♔xh5; 6...♘b6 7.♔g5 ♖c6 8.♗e5! ♘c4 *(8...♘d7 9.♗f4 ♘c5 10.♔h6 ♘e6 11.♗e5±; 8...♖e6 9.f4 ♘c4 10.♗f6±)* 9.♗f6 ♘e3 10.♖d8+ ♔c7 11.♖g8±]

7.♔g5! ♖e6 [As pretas perderam tempo com a manobra de torre para defender o peão base da ala do rei. Tampouco ajudaria entrar no final de torres com a troca de peças menores após 7...♘e5 8.♗xe5 ♖xe5 9.♔xg6 ♖e2 *(9...♖e3 10.♖f1+–)* 10.♖g1 ♖xa2 11.♔xh5+–]

8.♗f4! ♘f8 [8...♘e5 9.♗xe5 ♖xe5 10.♔xg6 ♖e2 *(10...♖e3 11.♖f1+–)* 11.♖g1 ♖xa2 12.♔xh5+–; 8...a5 9.♖d6 ♘c5 10.♔h6 ♖e2 *(10...♖xd6 11.♗xd6 ♘d3 12.♔xg6 ♔d7 13.♗b8 a4 14.g4!+–)* 11.♔xg6 ♖xa2 12.♔xf5 a4 13.g4!+–]

9.♖d6 [As brancas decidem melhorar a posição da torre, mas já ganhariam diretamente com 9.♔h6 ♖e7 10.♗d6! ♖h7+ *(10...♖f7 11.♖d3+–)* 11.♔g5 ♖f7 12.♖d3+–]

9...a5 [Mesmo com um peão a menos, a penetração do rei branco é decisiva por atacar os peões pretos.]

10.♔h6!+– [Não era possível a troca das torres com 10.♖xe6? ♘xe6+ 11.♔xg6 ♘xf4+! 12.gxf4 b5 pois o final de peões está empatado após 13.♔xf5 b4 14.♔e4 a4 15.♔d4 ♔d7 16.♔c4 b3! 17.axb3 axb3 18.♔xb3 ♔e6 19.♔c3 ♔f5 20.♔d3 ♔xf4 21.♔e2 ♔g3 22.♔e3 ♔xh4 23.♔f4 ♔h3 24.♔g5 h4 25.f4 ♔g3 26.f5 h3 27.f6 h2 28.f7=]

10...♖e2 11.♖d2! ♖e7 [As peças brancas estão em posições mais ativas enquanto o cavalo preto está numa posição passiva para defender o peão em g6.]

12.♗d6! ♖h7+ [12...♖f7 13.f4! ♖h7+ *(13...a4 14.♖d3+–)* 14.♔g5 ♖f7 15.♖c2+ ♔d8 16.♖b2 ♔e8 *(16...♔c8 17.a4+–)* 17.♗xf8 ♔xf8 18.a4+–]

13.♔g5 ♖f7 [13...♘d7 14.♔xg6 ♖h8 15.♔g7 ♖e8 16.♔f7+–]

14.♖b2! f4 [Se 14...♘h7+ o final de torres seria ganhador para as brancas após 15.♔h6 ♘f8 16.♖b5 a4 17.♖b4 ♖f6 18.♗xf8 ♖xf8 19.♖xa4 ♖f6 20.♖a8+ ♔d7 21.f4+– Δ ♖g8]

15.♗xf4 ♖f5+ 16.♔h6 b5 [As pretas devolveram o peão de vantagem e agora procuram avançar os peões na ala da dama em busca de contra-jogo, mas não há mais tempo para salvar a posição.]

17.♗d6 b4 [17...♖xf3 18.♖xb5+–; 17...♘e6 18.♔xg6+–]

18.g4 ♖xf3 19.g5! ♘e6 [19...♔d7 20.♗xf8 ♖xf8 21.♔xg6 ♖h8 22.♔f7 ♖h7+ 23.♔g8 ♖e7 24.g6+–]

20.♔xg6 ♖d3 21.♗e5 ♖e3 22.♔f5 ♘f8 23.♖g2 ♖f3+ 24.♗f4 ♔d7 25.g6 ♘e6 26.g7 ♖xf4+ [26...♘xf4 27.♔e4+–]

27.♔e5 ♖f8 28.gxf8♕ ♘xf8 29.♔d5 a4 30.♖g7+ ♔e8 31.♔d6 b3 32.a3

1–0

I. I bragimov - S. Ionov

Rússia (ch) 1998

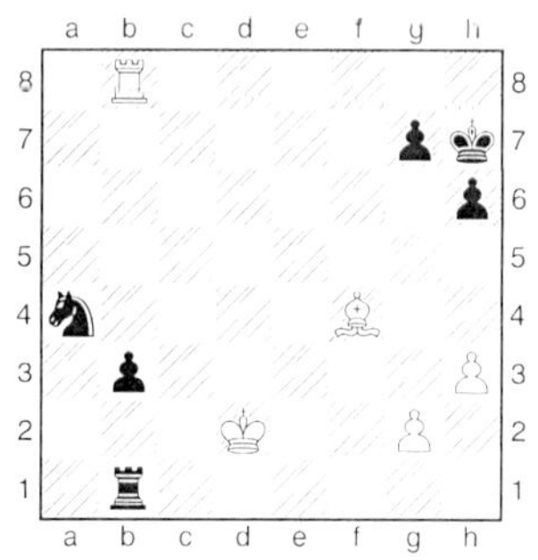

As pretas estão com um peão de vantagem. O peão passado na ala da dama está muito adiantado. O plano defensivo das brancas é controlar a grande diagonal com o bispo e criar contra-jogo na ala do rei.

1.♗e5! ♘c5 [1...♘b2 2.♗c3 ♘c4+ *(2...♘d1 3.♗d4 b2 4.♖b7=)* 3.♔d3 ♘d6 4.♗e5 ♘f7 5.♗c3 ♖g1 6.♖b7 ♔g6 7.♖b6+=]

2.♖b5 ♘e4+ 3.♔d3 ♘f6 [3...♖e1 4.h4 *(4.♖xb3?? ♘c5+ 5.♔d2 ♖xe5–+)* 4...♘f2+ 5.♔d2 ♖g1 6.♖b7 ♖xg2 7.♔e3= Δ ♔f3]

4.♔c4 ♖g1 5.g4 ♖d1 6.♔xb3 [As brancas empatariam mais facilmente com 6.♗xf6 gxf6 7.♖xb3 ♔g6 8.♖f3=]

6...♖h1 [As pretas poderiam ficar com um peão de vantagem numa posição que daria um pouco mais de trabalho defensivo para as brancas após 6...♖d3+ 7.♔c4 ♖xh3 8.♗xf6 gxf6 9.♔d4= Δ ♔e4]

7.♗xf6 gxf6 8.♖h5

½–½

Karpov - Kramnik

Viena 1996

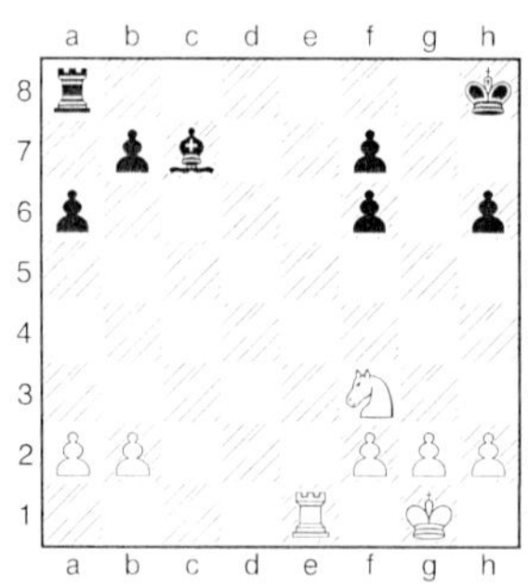

Uma instrutiva posição para mostrar a superioridade de torre e cavalo contra torre e bispo se há o controle da sétima fila pela torre, peões dobrados do adversário e uma casa para o cavalo poder atacar os peões dobrados e isolados.

1...♖d8 2.g3 ♖d7 3.♖e2 ♔g7 4.♘h4 ♖d5 [Outra opção era jogar 4...♗b6 5.♔g2 h5 6.♖c2±]

5.♖e7 ♖c5 6.♖d7 b5 [Seria melhor posicionar o rei no centro após manobrar com 6...♔f8 7.b4 ♔e8 (Δ ♔e7) 8.♖d4±]

7.b4 ♖c2 8.♘f5+ ♔g6 9.♘e3 ♖c1+?! [Era melhor jogar 9...♖c6!? para poder pressionar os peões brancos na ala da dama após 10.♘d5 *(10.♔g2 ♗d6 11.a3 ♗e5 12.f4 ♗b2 13.♖d3± Δ ♘d5)* 10...♗d6 11.♖d8 ♔f5 12.♖e8 ♖c1+ 13.♔g2 ♖a1 14.♔h3 h5! 15.♔h4 ♔g6 16.♖d8 ♗e5 17.f4 ♖xa2! 18.h3 ♗a1 19.♖e8±]

10.♔g2± ♗e5 11.♖a7 ♖c6 [As pretas poderiam forçar a troca das peças menores com 11...♗d4 para jogar o final de torres após 12.♖xa6 ♗xe3 13.fxe3 ♖c2+ 14.♔h3 ♖c4 15.a3 ♖e4 16.♖a5 ♖xe3 17.♔g4±]

12.♘d5 ♗d6 [As brancas agora consolidam a defesa da estrutura de peões na ala da dama para poder manobrar o cavalo no centro.]

13.a3 ♔f5 14.♘e3+ ♔g6 15.♔f3 ♗e5 16.♘d5 ♔g7 17.♘e7 ♖c3+?! [Era melhor posicionar a torre na defesa da terceira fila com 17...♖e6!? para poder pressionar os peões com o bispo que está na grande diagonal.]

18.♔g4 ♖xa3 19.f4! ♗c3 20.♔h5!+–

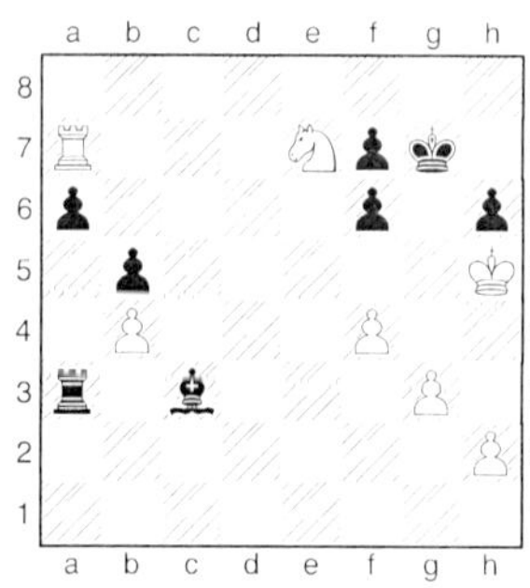

As peças pretas estão na ala da dama e não conseguem voltar para defender o isolado rei. As peças brancas podem agora coordenar o ataque na ala do rei, pois o contra-jogo de avançar os peões pretos na ala da dama não é suficiente para salvar a posição.

20...♗xb4 21.♘f5+ ♔g8 22.♖a8+ ♔h7 [22...♗f8 23.♘xh6+ ♔g7 24.♖a7 ♔h8 *(24...♔h7 25.♖xf7+ ♗g7 26.♘g4+–)* 25.♖xf7 ♗xh6 26.♔xh6 ♔g8 27.♔g6+–]

23.♖a7 ♔g8 [23...♗f8 24.♖xf7+ ♔g8 25.♖a7+–]

24.♘xh6+ ♔f8 [24...♔h8 25.♖xf7+–]

25.♖xf7+ ♔e8 [As brancas controlam a sétima fila com a torre. A posição mais ativa do rei branco restringe a ação do adversário e cria a possibilidade de avanço do peão passado de torre.]

26.♔g6! ♗c3 27.♘f5 b4 28.♖b7! ♖a2 [28...b3 29.♘d6+ ♔d8 *(29...♔f8 30.♔h7! Δ ♖f7#)* 30.♔f5+– Δ ♔e6]

29.h4! a5 30.h5! a4 31.h6! ♖h2 32.h7 ♔d8 [32...a3 33.♘h4 f5 34.♖g7+–; 32... b3 33.♘h4 f5 34.♖g7 ♗xg7 35.♔xg7 ♔d7 36.h8♕ b2 37.♕b8 a3 38.♘f3+–]

33.♘h4 f5 34.♖xb4 [As brancas também poderiam cobrir a grande diagonal com 34.♖g7+–]

34...♖h3 35.♖xa4 ♖xg3+ 36.♔xf5

1–0

D. Sadvakasov - A. Morozevich
Astana 2001

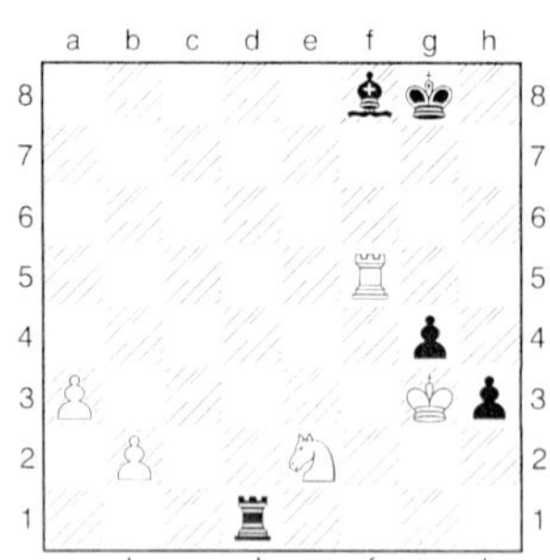

As pretas encontram uma instrutiva manobra de torre para ganhar o final.

1...♗d6+! [Seria um erro 1...♗e7? pois as brancas conseguiriam empatar após 2.♖h5! ♗d6+ 3.♘f4! ♖g1+ 4.♔f2 ♖b1 5.♘xh3=]

2.♘f4 [2.♔xg4 h2!–+]

2...♖g1+ 3.♔h2 [3.♔f2 h2–+]

3...♖f1 [Também ganharia 3...♖g2+ 4.♔h1 ♖f2 5.♖g5+ ♔f7 6.♖f5+ ♔e8 7.♘h5 ♖xb2–+]

4.♖g5+ ♔f7 5.♖xg4 ♖f3!! [Obviamente se 5...♗xf4+?? as brancas empatariam após 6.♔xh3=]

6.a4 ♗xf4+ 7.♔**g1 h2+ 8.♔g2 ♖f1**

0–1

Timman - Kasparov

Sarajevo 1999

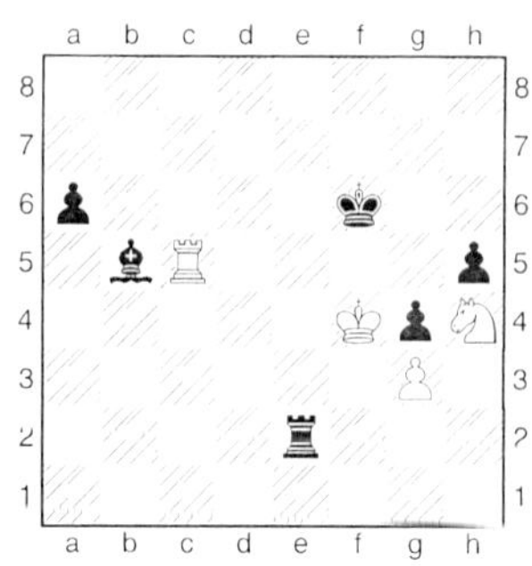

As brancas abandonaram imediatamente, pois após a troca de torres não haveria como deter o avanço do peão passado na ala da dama.

1...♗d3! [1...♗d3! 2.♖c6+ *(2.♖xh5 ♖e4#)* 2...♖e6 3.♖xe6+ ♔xe6 4.♔g5 ♗e4 5.♔xh5 a5 6.♔xg4 a4–+]

0–1

Szabó - Botvinnik

Budapeste 1952

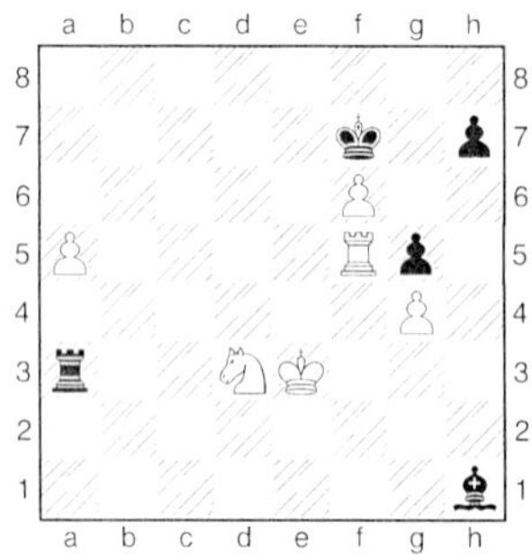

Uma difícil posição para encontrar o único plano defensivo que leva ao empate.

1...♗b7! 2.♔d2 [A imediata captura do peão com 2.♖xg5 ♗a6 levaria ao rápido empate no final de torres após a troca das peças menores. 3.♖d5 ♗xd3 4.♖xd3 ♖xa5 5.♖d6 h5=; Não há como descravar o cavalo pois o rei branco seria obrigado a voltar para a casa d2 após 2.♔d4 ♖a4+ 3.♔c3 ♖a3+ 4.♔d2 ♗c8! com a mesma posição após 2...♗c8!]

2...♗c8! 3.♘e5+ ♔f8 4.♖xg5

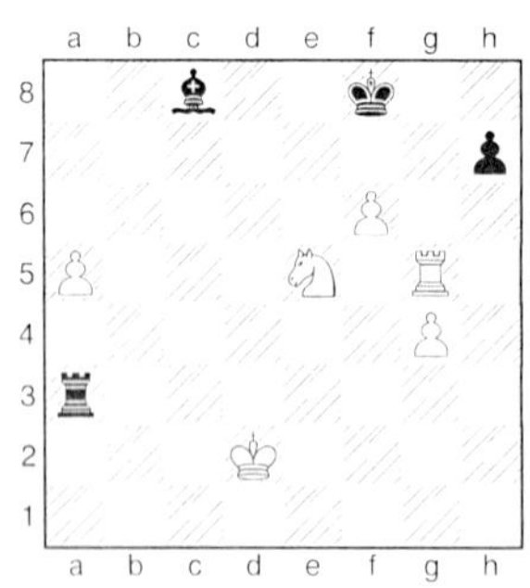

4...♖xa5!! [Espetacular sacrifício de qualidade.]

5.♘d7+ ♗xd7 6.♖xa5 ♗xg4 7.♔e3 ♗e6 [O bispo controla a diagonal a2–g8.]

8.♔f4 ♗c4 9.♖a7 h5 10.♔g5 h4 [O plano das pretas é sacrificar o peão o mais rápido possível.]

11.♔xh4

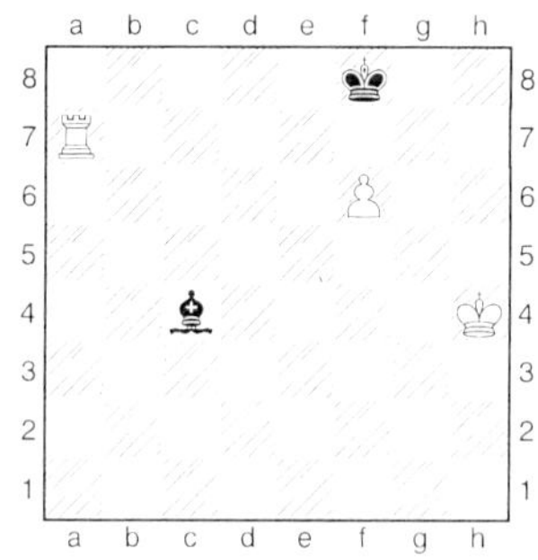

Final teórico de empate. As pretas devem manter o controle da diagonal a2–g8 com o bispo para impedir o avanço do peão branco e, ao mesmo tempo, poder dar xeque na diagonal b1–h7 contra o rei branco em g6.

11...♗b3 [A melhor casa defensiva para o rei preto é permanecer sempre em f8.]

12.♔g5 ♗c4 13.♖c7 [13.♔g6 ♗d3+!=]

13...♗a2 [Perderia 13...♗b3? por causa de 14.♔g6+–; Também empataria 13...♗d5 14.♔g6 ♗e4+!=]

14.♖c1 [14.♔g6 ♗b1+!=]

14...♗d5 15.♔f5 [As pretas empatariam de duas maneiras após 15.♔g6 ♗e4+= *(15...♗f7+=)*]

15...♔f7 [As pretas também empatariam com 15...♗a2 16.♖c8+ *(16.♔g6 ♗f7+!=)* 16...♔f7 17.♖c7+ ♔f8!=]

16.♔e5 ♗b3 17.♖c7+ ♔f8! [A unica casa defensiva é em f8. As pretas perderiam com 17...♔g8? porque não há xeque de bispo em c2 após 18.♔f5! ♗a2 19.♔g6 ♗b1+ 20.♔h6 ♔f8 21.♖b7 ♗e4 *(21...♗a2 22.♔g6!+–)* 22.♖b5 ♔g8 23.♔h5 ♗c6 24.♖c5 ♗f3+ 25.♔h6 ♗e4 26.♖c7 ♗b1 *(26...♔f8 27.f7 ♗b1 28.♖c1! ♗a2 29.♔g6! ♗xf7+ 30.♔f6!+–)* 27.f7+ ♔f8 28.♖c1! ♗a2 29.♔g6! ♗xf7+ 30.♔f6!+–]

18.♖b7 ♗c4 19.♖b4 ♗a2! [A casa f7 não pode ser ocupada pelo bispo porque permitiria a aproximação do rei branco após 19...♗f7? 20.♖b8+! ♗e8 21.♔e6+–]

20.♔f5 ♗d5! [As pretas não controlam a casa de xeque na diagonal b1–h7 e, portanto, perderiam após 20...♔f7? por causa de 21.♖b7+! ♔f8 22.♔g6+–]

21.♔g6 ♗f7+! [O bispo preto apenas posiciona-se em f7 com xeque para, em seguida, voltar para a grande diagonal.]

22.♔g5 ♗d5! [Como a torre branca controla a casa b1, as pretas perderiam se movessem o bispo para 22...♗a2? por causa de 23.♖b8+! ♔f7 24.♖b7+! ♔f8 25.♔g6+–]

23.♖h4 ♗b3 24.♖h8+ ♔f7! 25.♖h7+ ♔f8! [A única casa defensiva é em f8.]

26.f7 [26.♖b7 ♗d5=]

26...♔e7! [O rei preto deve impedir que o rei branco tenha acesso à casa f6. Portanto, seria um erro capturar o peão com 26...♗xf7? 27.♔f6! ♗c4 28.♖c7 ♗a6 29.♖a7+–]

27.♔g6 ♗c4 28.♖g7 ♗b3 29.f8♕+ ♔xf8 30.♔f6 ♔e8! 31.♖e7+ ♔d8! [O bispo preto na diagonal a2–g8 controla a casa e6 e isso não permite que o rei branco continue sua perseguição ao rei preto.]

½–½

Fischer - Taimanov

Palma de Maiorca (interzonal) 1970

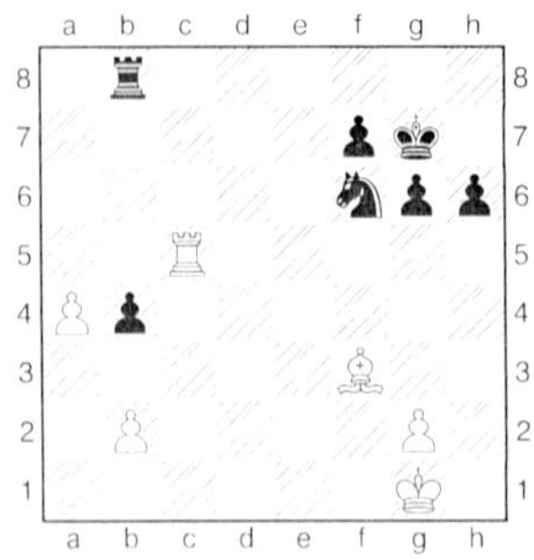

As brancas controlam a grande diagonal com o bispo e, apesar da desvantagem material, estão um peão passado na ala da dama. O plano das brancas é manobrar a torre para apoiar o avanço do peão passado e levar o rei para uma posição ativa na ala da dama.

1.a5! ♖e8 2.♖c1!? [2.♔f2 ♘d7 *(2...♘e4+ 3.♗xe4 ♖xe4 4.♖b5!+– Δ a6)* 3.♖c7 ♘e5 (Δ h5, ♘g4+) 4.♗e2±]

2...♖e5?! [Oferecia maior resistência jogar de maneira ativa no centro com 2...♘e4!? 3.♖c7!± *(se 3.a6?! f5!* e as pretas conseguem defender a posição.*)*]

3.♖a1!+– ♖e7 [As pretas perderam um importante tempo no final.]

4.♔f2! ♘e8 [4...♖a7 5.♔e3 ♘d7 6.♔d4!+– Δ ♔c4]

5.a6 [As brancas poderiam trocar as torres para ganhar o final de bispo contra cavalo após 5.♖e1 ♖xe1 *(5...♔f6 6.♖xe7 ♔xe7 7.a6+–)* 6.♔xe1 ♔f6 7.a6+–]

5...♖a7 6.♔e3! ♘c7 [6...♘d6 7.♔d4!+– Δ ♔c5; 6...♔f6 7.♔d4!+– Δ ♔c5]

7.♗b7 ♘e6 8.♖a5! ♔f6 9.♔d3! ♔e7 [9...♘d8 10.♗f3 ♔e6 11.♔c4 ♔d6 12.♖d5+ ♔c7 13.♔b5!+–]

10.♔c4! ♔d6 [10...♘d8 11.♗f3 ♔d6 12.♖d5+ ♔c7 13.♔b5!+–]

11.♖d5+ ♔c7 12.♔b5!

1–0

Fischer - Barcza

Estocolmo (interzonal) 1962

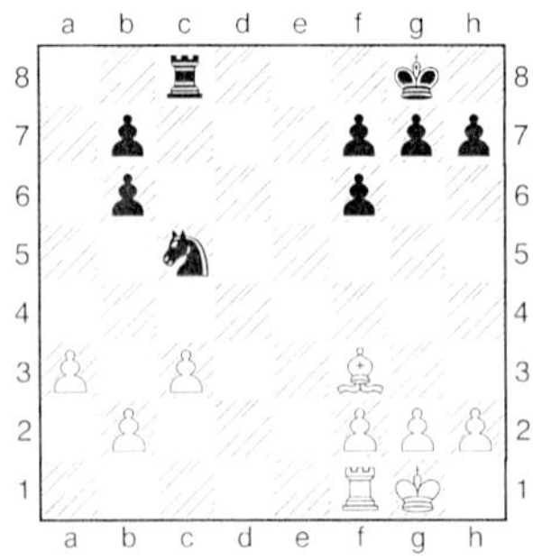

As brancas controlam a grande diagonal com o bispo e possuem uma melhor estrutura de peões. O plano das brancas é manobrar a torre para uma posição ativa na ala da dama a fim de pressionar os peões pretos dobrados, assim como levar o rei para uma posição ativa no centro.

1.♖d1! **♔f8 2.♖d4 ♖c7 3.h3 f5 4.♖b4 ♘d7 5.♔f1 ♔e7 6.♔e2 ♔d8 7.♖b5 g6 8.♔e3 ♔c8 9.♔d4 ♔b8 10.♔d5** [As brancas poderiam jogar de maneira mais ativa com 10.b4 ♔a7 11.♖d5 ♘f8 *(11...♘f6 12.♖d6±)* 12.♖d6±]

10...♖c6 11.♔d4 ♖e6 [As pretas conseguiram manobrar a torre para uma posição mais ativa no centro.]

12.a4 ♔c7?! [Era melhor jogar 12...f6 13.c4 *(13.♗d5 ♖e1 14.f4±; 13.b4 ♖e1 14.a5±)* 13...♖e1 14.a5±]

13.a5! ♖d6+ 14.♗d5 ♔c8 [Se 14...f6 as brancas conseguiriam uma posição ganhadora após 15.c4! g5 16.axb6+ ♘xb6 17.♔c3 ♘xd5+ *(17...♘a4+ 18.♔b3+–)* 18.♖xd5+–]

15.axb6 [Como as peças pretas estão imobilizadas na ala da dama, as brancas poderiam avançar os peões para obter uma posição ganhadora após 15.c4! ♔c7 16.b4+– Δ c5]

15...f6 [A outra alternativa para as pretas seria jogar 15...♘xb6 16.c4±]

16.♔e3 ♘xb6 17.♗g8 ♔c7 18.♖c5+ [As brancas poderiam sacrificar a qualidade após 18.♗xh7 ♔c6 19.♖xb6+ *(19.♖b3 ♘c4+ 20.♔e2 ♖e6+ 21.♔d1 ♖d6+=)* 19...♔xb6 20.♗xg6±]

18...♔b8?! [O rei preto deveria se acercar mais ao centro com 18...♔d7 19.h4 *(19.♗xh7 ♘d5+ 20.♔f3 b6 21.♖c4 ♘e7 22.h4±)* 19...♘a4 20.♖b5 ♔c6 21.♖b4 ♘b6 22.♖d4 h6 23.f4 ♘c8 *(23...g5 24.g3±)* 24.b4±]

19.♗xh7 ♘d5+ [19...♘d7 20.♖b5 ♘e5 21.♗g8 ♖d3+ 22.♔e2+– Δ f4]

20.♔f3 [Com o rei preto afastado na ala da dama, as brancas poderiam sacrificar a qualidade no centro do tabuleiro para ganhar o final por causa do peão passado na ala do rei após 20.♖xd5! ♖xd5 21.♗xg6 f4+ *(21...♔c7 22.h4! ♔d6 23.h5 ♖e5+ 24.♔f3+– Δ* h6–h7*)* 22.♔xf4 ♖d2 23.♔e3 ♖xb2 24.h4+–]

20...♘e7 21.h4 b6?! [As pretas poderiam jogar de maneira mais ativa para defender a posição com 21...♖b6!? 22.h5 gxh5 23.b4 ♖d6 24.♗xf5 b6 25.♖b5±]

22.♖b5 ♔b7 23.h5!+– ♔a6 [23...gxh5 24.♗xf5 ♘xf5 25.♖xf5 ♖d2 26.♖xf6 ♖xb2 27.♔e3+–]

24.c4 gxh5 25.♗xf5 ♖d4 [25...♘xf5 26.♖xf5 ♖d4 27.♖f4+–]

26.b3 [26.♗e6 h4 27.b3 ♖d3+ 28.♔e4 ♖d2 29.♔e3+–]

26...♘c6 [26...♘xf5 27.♖xf5 ♖d3+ 28.♔e4 ♖xb3 29.♖xh5 ♖c3 30.♔d4 ♖c2 31.♖f5 ♖d2+ 32.♔e4 ♖d6 33.g4+–]

27.♔e3 ♖d8 28.♗e4 ♘a5 29.♗c2 h4 30.♖h5 ♖e8+ 31.♔d2 ♖g8 32.♖xh4 b5 33.♖f4 bxc4 34.bxc4 ♖xg2 35.♖xf6+ ♔a7 36.♔c3 ♖g4 37.f4 ♘b7 38.♔b4

1–0

Impressão e acabamento
Gráfica da Editora Ciência Moderna Ltda.
Tel: (21) 2201-6662